Ulrich Horstmann

El monstruo
Perfiles de una filosofía antropófuga
Ensayo sobre la guerra y el belicismo

Introducción, traducción y notas
Manuel Pérez Cornejo, *Viator*

sequitur

sequitur [sic: *sékwitur*]:

Tercera persona del presente indicativo del verbo latino *sequor*:
procede, prosigue, resulta, sigue.
Inferencia que se deduce de las premisas:
secuencia conforme, movimiento acorde, dinámica en cauce.

Das Untier
Konturen einer Philosophie der Menschenflucht
© Ulrich Horstmann, 2024

De la introducción y la traducción
© Manuel Pérez Cornejo, 2024

© Ediciones sequitur, Madrid 2024
www.sequitur.es

ISBN: 978-84-128025-1-1
D.L.: M-19712-2024

Índice

EL PESIMISMO ANTROPÓFUGO DE ULRICH HORSTMANN: VOLUNTAD DE HUIR (DEL HOMBRE)

Manuel Pérez Cornejo, *Viator*

Beware the beast Man, for he is the Devil's pawn. Alone among God's primates, he kills for sport or lust or greed. Yea, he will murder his brother to possess his brother's land. Let him not breed in great numbers, for he will make a desert of his home and yours. Shun him; drive him back into his jungle lair, for he is the harbinger of death.

Planet of the Apes, Franklin J. Schaffner, 1968

I am in a world of shit. Yes.
But I am alive, and I am not afraid.

Full Metal Jacket, Stanley Kubrick, 1987

El monstruo –o *La bestia*, o *La alimaña*, también posibles traducciones del término *Das Untier*– es, sin duda, el ensayo más importante y famoso, casi legendario, del filólogo, filósofo y escritor alemán Ulrich Horstmann, cuya figura y producción intelectual apenas son conocidas hasta ahora en España.

Horstmann –que ha utilizado en ocasiones los seudónimos de Horst-Ulrich Mann o Klaus Steintal– nació en Bünde (Nordrhein-Westfalen) en 1949 y terminó su bachillerato en el Freiherr-vom-Stein-Gymnasium de esta localidad, continuando luego sus estudios de filología inglesa y filosofía en la Universidad de Münster, donde se promovió en 1974 con una disertación sobre Edgar Allan Poe (*Ansätze zu einer technomorphen Theorie der Dichtung bei Edgar Allan Poe*, Bern, 1975). Tras ejercer como docente en la

Universidad Sudafricana de Pretoria, se habilitó con un estudio sobre *Esteticismo y decadencia* (*Ästhetizismus und Dekadenz. Zum Paradigmakonflikt in der englischen Literaturtheorie des späten 19. Jahrhunderts*, München, W. Fink, 1963). De 1991 a 2014, cuando pasó a ser titular, ejerció como profesor de literatura inglesa y americana en la Universidad de Giessen. Fue nombrado miembro del Pen-club alemán y recibió en 1988 el prestigioso Premio Literario Kleist. Actualmente, reside en Marburg/Lahn.

Horstmann es autor de numerosos ensayos, novelas, obras de teatro y traducciones, pero su mayor fama la obtuvo, como queda dicho, en 1983, con la publicación de *Das Untier*.[1] El impacto que tuvo en su momento este libro (y que sigue teniendo, cada vez que se reedita) se debió, en buena medida, a que en él Horstmann adopta una posición filosófica radicalmente opuesta a nuestra época, regida por un talante marcadamente pacifista, tras el cual Horstmann cree detectar, no obstante, la misma voluntad bélica que ha mostrado la humanidad desde sus inicios, lo que le añade a nuestro tiempo un plus de hipocresía antes inexistente.

En su ensayo, Horstmann propone una perspectiva filosófica que él llama "antropófuga" (así he traducido el difícil término "*anthropofugale*"), caracterizada por una decidida voluntad de huir del ser humano (*Menchenflucht*), y que culmina con la propuesta, bizarra pero absolutamente consecuente, de acabar de una vez por todas con la humanidad valiéndose del arsenal armamentístico (sobre todo atómico) que hemos ido acumulando de forma obsesiva en el curso de una escalada bélica incesante. Este es el punto de fuga hacia el que se dirige inequívocamente la humanidad, tal como lo detecta Horstmann en el trasfondo del llamado "progreso histórico", de manera que él considera llegado el momento de dejar ya paso expedito al irreprimible impulso de autoeliminación que ha caracterizado al ser humano a lo largo de los pocos milenios de su existencia.

La propuesta de Horstmann escandalizó en su momento –Robert Jungk la consideró peor que *Mein Kampf*, porque, a su juicio, incitaba a acabar con

---

1. Ulrich Horstmann: *Das Untier. Konturen einer Philosophie der Menschenflucht*, Medusa Verlag, Wien-Berlín, 1983 (El libro se reeditó en Suhrkamp Taschenbuch Verlag, Berlín, 1985 y en Johannes G. Hoof Verlag, Warendorf / Berlín, 2004); sexta edición, 2016.

toda la humanidad y no solo con un sector de la misma–, y seguro que escandalizará a quienes lean ahora este atrevido ensayo. De hecho, es posible que muchos piensen que es fruto de la mente de un escritor que "no está en sus cabales" (eso, precisamente, fue lo que dictaminó el diario *Neue Deutschland*, uno de cuyos redactores se preguntaba, a propósito del libro, "¿cuándo consultó por última vez el profesor Horstmann a su neurólogo?"). Pero este rechazo sería consecuencia de una postura visceral y no de un intento serio de *entender* la argumentación de fondo que desarrolla el autor a lo largo de su obra, en cuyas tesis hay que sumergirse sin prejuicios para valorarla en su justa medida.

Una primera lectura de *El monstruo* pone de manifiesto que la genealogía de la destructividad humana y el pesimismo radical del que hace gala Horstmann tienen sus raíces no solo en la experiencia histórica –que nos muestra un rosario ininterrumpido de guerras, hasta culminar en la Guerra Fría y más recientemente en los conflictos bélicos, cada vez más virulentos, que jalonan este primer cuarto del siglo XXI (un hecho que pone de manifiesto la naturaleza belicosa del ser humano, por mucho que el pacifismo recalcitrante se empeñe en decir una y otra vez lo contrario)–, sino también en la tradición pesimista de la filosofía occidental, muy especialmente, claro está, en Arthur Schopenhauer, Eduard von Hartmann, Philipp Mainländer (que, aunque no aparece en el texto, es un filósofo enormemente influyente en la reflexiones de Horstmann, desde que publicó una esmerada selección de su *Philosophie der Erlösung* [*Filosofía de la redención*] en 1989),[2] Sigmund Freud o E. Cioran. Estas influencias se ven, además, matizadas por un componente sarcástico, satírico, a veces casi burlesco, que tiñe todo el texto horstmanniano y que su autor debe a la influencia que sobre él ha ejercido el humor negro de autores como Jonathan Swift –recuérdese la misantrópica mordacidad de *Los viajes de Gulliver* (1726) y *Una modesta proposición* (1729)–, o Erasmo de Rotterdam (cuyo *Elogio de la locura* centra uno de los capítulos de este libro): igual que ellos, Horstmann se propone, "desacreditar al género humano" (Borges). *El monstruo*, pues, es un libro en gran

2. Philipp Mainländer: *Philosophie der Erlösung*. Ausgewählt von Ulrich Horstmann. Insel-Verlag Frankfurt a. M, 1989.

medida satírico, mediante el cual Horstmann (para quien una filosofía consecuente se transforma en sátira) se propone decirle la amarga verdad a los hombres, a saber: que ello desean, en su fondo más íntimo, autodestruirse y que hay que dejarles que lo hagan, porque lo van a terminar haciendo, tarde o temprano, por un camino o por otro.[3]

Horstmann es consciente, desde el principio, de que las ideas expuestas en su ensayo le van a atraer una mala reputación e incluso resultar repelentes, pues, ¿cómo puede atreverse alguien a considerar al ser humano, que ocupa el puesto más alto de la Creación –o de la evolución, si somos ateos– como un monstruo, como una fiera corrupia, ávida de sangre? ¿Cómo puede alguien contradecir el ideario humanista, impuesto por el pensamiento políticamente correcto de los optimistas, que creen a pies juntillas en el ideal del progreso? Frente a ellos, Horstmann no vacila en calificar al ser humano de alimaña, ni duda en renegar de nuestra especie, consciente de que, valiéndose de esas típicas inversiones de los argumentos, en las que tan duchos son los optimistas, serán ellos –los auténticos monstruos, pues ¿no es monstruoso decir que todo va bien, cuando todo va siempre de mal en peor? –, los que tacharán su pensamiento de monstruoso y repugnante.

3. Philipp Mainländer define la sátira de este modo: "Una sátira es la exposición de cualquier parte de la vida *real*, en todas sus formas y manifestaciones [...], *en contraposición a un ideal*. Lo real se mide por lo ideal, y se le encuentra demasiado *corto*. Ahora bien, la diferencia ganada (la discrepancia, que, si es correcta y auténtica, nos lleva siempre a reír) o es mostrada, cuando la pone de manifiesto el burlón mismo, o se le deja al lector -o, en su caso, al oyente- la tarea de extraerla. El último procedimiento es el más elevado, pero también el más difícil para el satírico; y, por otra parte, presupone un lector, u oyente, muy capaz de juzgar, puesto que, dado que el satírico siempre es serio, mientras está comparando, en caso de que se trate de una sátira refinada, se corre el peligro de tomar lo satirizado por dinero en efectivo y no advertir en absoluto que la verdadera y auténtica moneda ideal, el patrón de medida, ha quedado en la cabeza del satírico". (Ph. Mainländer: "Una sátira científica", en: *Ensayos sobre filosofía política y otros escritos póstumos*, Introducción, traducción y notas de Manuel Pérez Cornejo, Alianza, Madrid, 2024, p. 381). A la vista de esta definición, al lector de este ensayo le quedará claro que en él Horstmann ha seguido el segundo y más difícil camino satírico de los dos que distingue Mainländer, y por eso exige de él una capacidad de juzgar a la altura de la verdadera intención de su autor.

El "antropofugismo" de Horstmann se opone frontalmente al antropocentrismo que, a su juicio, ha predominado hasta el presente en el pensamiento occidental. En este sentido, Horstmann, con su "filosofía de la eventualidad" [*Eventualitätsphilosophie*], que se propone pensar la peor de todas
las eventualidades, se nos evidencia como un "filósofo de la sospecha", porque barrunta que, detrás de los discursos oficiales antropocéntricos, racio-
nalistas y progresistas, que se han impuesto en la filosofía occidental, se
oculta, soterrada, una "voluntad de morir" (Mainländer), un "impulso de
destrucción" (Spielrein), una "pulsión de muerte" (Freud), o, como la llama
él, una "voluntad de abolición" [*Wille zur Abschaffung*]. El pensamiento
occidental –quizá arrastrado por una mala conciencia– ha tratado de ocultar de forma sistemática la verdadera realidad del ser humano, su auténtica
naturaleza bestial, regida por impulsos (auto)destructivos, que reaparecen
una y otra vez irremediablemente, bien de forma directa, a través de matanzas, genocidios y pogromos de toda clase, bien en forma de una escalada
armamentista acelerada, que culmina, pronto o tarde, en las citadas matanzas, genocidios y pogromos, dando lugar a un bucle histórico letal que no
tiene fin.

Es esa verdad de fondo la que pretende sacar a la luz Horstmann en su
libro, que, aunque parece dar alas a un belicismo desencadenado, que le permita al monstruo humano acabar de una vez con el mundo y de paso con
sus sufrimientos, en realidad puede leerse como un *desesperado* (por saber-
se absolutamente inútil) alegato antibelicista. Ya Santayana había señalado
que "sólo los muertos han visto el fin de la guerra",[4] y también Kant había
apuntado que "una guerra de exterminio [...] solo posibilitaría la paz perpetua sobre el gran cementerio de la especie humana".[5] Horstmann, con
amarga ironía, nos viene a decir que, efectivamente, parece que únicamen-

---

4. La frase la atribuyó equivocadamente a Platón el general Douglas MacArthur y
   corresponde, en realidad, al soliloquio 25, "Tiperary" de Santayana (G. Santayana:
   Soliloquies in England and Later Soliloquies, Charles Scribner's Sons, New York, 1924,
   p. 97 [cit. en: Luis Arias González: "Guerra, ejército y militares en la vida y el pensamiento de George Santayana", *Stud. Hist. Cont.*, 34 (2016), p. 252, n. 14]).
5. Immanuel Kant: *Sobre la paz perpetua*.Trad. de J. Abellán, Tecnos, Madrid, 1998⁶,
   p.10.

te la destrucción total puede garantizarle la paz a nuestro planeta, porque no cabe esperar que los hombres, esos seres monstruosos, pongan fin por sí mismos a la destrucción tanto propia como de la naturaleza (no se olvide que el capitalismo no es sino una suerte de guerra contra el medio ambiente, desde el momento en que su objetivo es *explotar* la naturaleza al máximo). En este sentido, el discurso de Horstmann corre paralelo en algunos puntos con el lúcido análisis de la influencia de la guerra en el decurso de nuestra civilización, en relación con la dromología y la logística de la percepción, desarrollado por el urbanista y filósofo francés Paul Virilio (1932-2018).

Horstmann afirma que el punto de partida de su libro es un vehemente alegato contra el "hacer" [*Machertum*]: el deseo de "hacer un mundo mejor", de "hacer el paraíso", "hacer la historia"…: Lo único que no ha hecho hasta el momento el ser humano, nos dice, es pararse, dejar reposar las manos en su regazo, reflexionar y llevar a cabo un acto de "recogimiento" [*Andacht*], que le lleve a plantearse de una vez qué somos y en qué ha consistido nuestra historia, sin caer en falsas ilusiones. Y lo que esa reflexión nos indica, a su entender, es que los buenos deseos de enmienda se pueden multiplicar hasta el infinito, pero el Santo Grial paradisíaco que nos esforzamos por lograr no se ha manifestado y lo único que pone de manifiesto nuestra historia es una cadena de descarrilamientos, que parecen deberse a una suerte de búsqueda de venganza [*Rachsucht*] contra la existencia y un deseo de retornar, utilizando una y otra vez la fuerza de las armas, a un estado paradisíaco inorgánico que nunca debimos haber abandonado. Horstmann nos invita, pues, a bajarnos de un mundo en llamas (Naomi Klein), que corre aceleradamente hacia un ineludible desastre bélico y climático, porque es eso lo que nuestra especie lleva deseando y buscando desde que surgió, bien evolutivamente, bien por creación. Para el caso, da igual si el responsable de traer a la existencia un ser que se adapta a la misma destruyendo el medio ambiente y a sí mismo fue la evolución, un Dios creador o un Demiurgo malvado –incluidos esos hipotéticos "astronautas ancestrales", que según algunos conspiranoicos, o la película *Prometeus* (Ridley Scott, 2012), utilizaron este vertedero planetario para producir al ser humano, como una especie de arma de destrucción masiva–. La única diferencia entre estas hipótesis (aparte de si son científicas, religiosas o paracientíficas) es que, en el caso de una creación por parte de un ser foráneo, inmanente o trascendente, este se mostró inmediatamente arrepentido de su iniciativa y trató de acabar enseguida con el engendro que había traído el mundo (así lo demuestra el Diluvio bíblico, o los desesperados intentos que hacen los alienígenas del film mencionado para acabar con cualquier rastro de vida humana, como si de un peligroso bacilo se tratase), mientras que del desarrollo evolutivo que dio lugar al homínido solo cabe responsabilizar a la fatalidad del azar.

Aplicando su perspectiva antropófuga, Horstmann detecta que, a lo largo de la historia de la filosofía, se han alternado dos discursos: el primero, optimista, ha visto en el ser humano un ser racional, tendente al progreso, que se dirige derecho hacia un futuro prometedor (siempre pospuesto); el segundo, marginal pero imposible de erradicar, se ha caracterizado, en cambio, por la certeza de que bajo esa capa de racionalidad y humanitarismo, se agita un ser hostil y abominable, abocado a la aniquilación. Por supuesto, los representantes del academicismo filosófico han mostrado el mayor desprecio hacia este tipo de análisis, persiguiéndolo a veces, ridiculizándolo otras y procurando hacerle el vacío, pero no han podido evitar que la obstinada realidad de los hechos –es decir, las recurrentes guerras y masacres, y actualmente el desastre climático, propio del llamado antropoceno– hayan dado siempre la razón, de una u otra forma, a los pensadores antropófugos.

Partiendo de esos presupuestos, Horstmann desarrolla una "genealogía del pensamiento antropófugo", en contraposición al "pensamiento humanístico-antropocéntrico", comenzando por mencionar los numerosos mitos que reconocen la maldad congénita del ser humano y que culminan en la aniquilación del mundo por medio de un apocalipsis acuático o flamígero. Horstmann sostiene que fueron los mitos los primeros que pusieron de manifiesto la amarga verdad sobre el hombre, pero enseguida este "pesimismo del mito" fue velado por el optimismo encubridor del logos. Los presocráticos establecieron la confianza en la razón como factor clave para comprender y sobre todo *dominar* el mundo. Pero ellos introdujeron también, de paso, un nuevo factor que sirvió de acicate al afán destructivo del ser humano, que se iría poniendo de manifiesto con el avance y consolidación de la despótica razón instrumental. Posteriormente, la unión entre el antropocentrismo griego y la idea judeocristiana según la cual el ser humano fue creado para crecer, multiplicarse y sojuzgar a todos los seres de la tierra (Gen. 1, 28), culminaría en la aparición del concepto *homo sapiens* (que debería haber sido denominado, más bien, *homo extinctor*).

Así comenzó lo que, reformulando la conocida expresión de Heidegger, cabría llamar "el ocultamiento del verdadero ser humano", que ha buscado hacer desaparecer su carencia de sentido y su absurda existencia como especie, y que, mediante una especie de mecanismo de supercompensación, ha hecho de él la "corona de la creación-evolución" (a la espera de verse desplazado por la IA, quizás aún más letal que su propio creador). En lo sucesivo, el antropomorfismo y el logomorfismo (es decir, un logos centrado en la superioridad del ser humano) impusieron su dictadura teórica, que se tradujo, en el plano histórico y geopolítico, por una parte, en el expansionismo grecorromano, y por otra en el genocidio cometido por los hebreos con los pueblos asentados en la "tierra prometida" que su Dios nacional les había prometido ocupar.

La caída del Imperio Romano y del Reino de Israel pusieron fin al antropocentrismo antiguo (dando lugar a la aparición de los primeros atisbos del pesimismo antropófugo, como se pone de manifiesto en algunas sentencias de los antiguos estoicos o determinados pasajes sombríos del *De rerum natura* lucreciano), pero la aparición del cristianismo dio la alternativa al antropocentrismo medieval, dependiente, claro está, del judaísmo y del teocentrismo, que hacía del hombre el amo de la creación. La peculiaridad del antropocentrismo cristiano consistió en integrar los aspectos monstruosos del ser humano bajo la idea del "pecado original", que habría venido a ser redimido por Cristo, la segunda persona "humanófila" de la Trinidad. Ahora el monstruo no era el ser humano como tal, sino, en primer lugar, el diablo que este alberga en su interior, que debe ser combatido y expulsado mediante la oración, la renuncia y la ascesis, y en segundo lugar los paganos, herejes o sarracenos (de los que Horstmann no habla en su libro, pero que, claramente, se agruparon desde el surgimiento del islam bajo los dogmas de una *religión esencialmente belicista*, digan lo que quieran sus ulemas y ayatolás), a los que hay que erradicar de la faz de la tierra a sangre y fuego. Los estragos provocados por la llamada "guerra santa", bajo la forma de Cruzadas, Reconquistas o persecuciones contra los herejes (como los cátaros, uno de los pocos movimientos que sospecharon que algo iba mal en la creación divina), bajaron de su pedestal al Reino de Dios prometido por el Cristianismo y lo arrastraron por el fango ensangrentado de los campos de batalla, que se extendieron por Europa y Oriente Medio, continuando en nombre de Dios y de Alá el exterminio heredado de los tiempos de Grecia y Roma, o las tropelías provocadas por los terribles anatemas que lanzaba el celoso Yahveh Sebaot, Señor de los Ejércitos.

Al llegar el Renacimiento, Horstmann detecta los inicios de una anomalía en el paradigma antropocéntrico, que con el tiempo daría paso a una crisis del mismo, pues aunque es verdad que el humanismo renacentista abundó en la idea antropocéntrica (plasmada en pintura a través del invento de la perspectiva lineal), también se inició en este período una corriente que entroncaba con el pesimismo mitológico y que comenzó a desarrollar ya explícitamente una perspectiva antropófuga, cuyo radio de acción se iría ampliando en los siglos siguientes. Los responsables de este cambio citados por Horstmann son Pico della Mirandola, quien presenta al ser humano como un ser extraño, que no encaja bien en la Creación, por su apertura a cualesquiera posibilidades (tanto bondadosas y creadoras, como malvadas y destructivas); Maquiavelo, que, atendiendo a los manejos de la política y la guerra de su tiempo, justificará el empleo de los medios más inicuos para obtener y conservar el poder; Erasmo de Rotterdam, quien se encarga de diseccionar, con acerada ironía, los aspectos más hirientes de la estulticia humana, gracias a la cual al hombre ignora cuán terrible es la vida; Montaigne, que comprende que el ideal humanista no es sino un arquetipo eurocéntrico, utilizado por los europeos para conquistar y masacrar a los pueblos que consideramos "inferiores" y "salvajes" (si bien los indígenas no son mejores que nosotros, sino tan solo menos eficaces a la hora de atacar y destruir) y, finalmente, Francis Bacon, que se encargará de identificar aquellos "*idola tribus*", que impiden el progreso del conocimiento.

Tanto la Guerra de los Treinta Años como la cruenta Guerra Civil Inglesa abrieron definitivamente, según Horstmann, las "puertas de la percepción" filosófica para atisbar el fondo infernal del ser humano, a pesar de todos los esfuerzos realizados por el racionalismo contemporáneo a esos conflictos (Descartes, Spinoza y Leibniz) para aislarse de tamaña bestialidad y concentrarse en las inmaculadas deducciones del orden geométrico. Voltaire y su *Cándido* serán los aldabonazos que pongan fin al sueño de la razón y a la idea de que existe un orden perfecto establecido en el universo por la Divinidad, tal como defendía Leibniz en su *Teodicea*. La ironía volteriana desenmascaraba sin concesiones la impostura racionalista y sacaba a la luz de nuevo la horrible mueca del monstruo, así como su amenaza de hacer saltar los grilletes mediante los cuales la razón pretende domesticarlo.

Sin embargo, a pesar de su atrevimiento y de ser muy consciente de la verdadera naturaleza monstruosa del ser humano, Horstmann sostiene que Voltaire no se atrevió a dar el paso definitivo que sí dieron otros ilustrados radicales, como el abate Meslier o el barón d´Holbach, que ya hablan de nuestra auténtica ralea sin tapujos. A partir de este momento, la razón dará un giro sobre sí misma y pasará de autoglorificarse a comprender sus límites, así como las miserias y defectos del ser supuestamente "racional". Este "giro pesimista", que inaugura el supuestamente optimista Kant en filosofía (cuando habla del "mal radical" que hay en la naturaleza humana) y Goya en el ámbito del arte, desembocará, pocas décadas después, en la interpretación evolucionista del ser humano como uno más de los infinitos seres que produce la naturaleza, que se mantiene vivo gracias a una lucha constante contra ella, contra sus semejantes y contra sí mismo.

Conforme a esta nueva dirección, el pensamiento contemporáneo mostrará desde sus inicios dos caras: la optimista antropocéntrica y la pesimista antropófuga; mientras que el propio Kant y luego los idealistas alemanes (especialmente Hegel) conciben la historia del mundo como una continua carrera de obstáculos hacia la libertad, las utopías rousseaunianas y el ideal del progreso pondrán las cosas en su sitio, sacrificando millones de personas a los ideales de libertad, igualdad y fraternidad, ora utilizando el filo de la guillotina, agudo y despiadado como la razón matemática, ora masacrando pueblos enteros durante la guerra de la Vendée, ora enfrentando a los pueblos europeos en las interminables guerras napoleónicas, poniendo con ello de manifiesto que la razón, exhibida por los ilustrados y progresistas de toda laya como una prueba de la grandeza del hombre, termina convirtiéndose en un arma al servicio de los prepotentes impulsos destructivos del monstruo (tal como lo denunciaron Goya en sus *Desastres de la guerra*, o Delacroix en su ambiguo lienzo *La libertad guiando al pueblo*).

Entre los filósofos, solo Schelling –a partir de sus *Investigaciones filosóficas sobre la esencia de la libertad humana* (1809), que Horstmann no cita– y un poco después Schopenhauer, darán el paso definitivo hacia la comprensión de la maligna oscuridad que late detrás de la naturaleza en general y del ser humano en particular, iniciando la moderna corriente del pesimismo filosófico contemporáneo, en el que el carácter aberrante del monstruo resalta ya con palmaria lucidez.

Schopenhauer, sobre todo, se opondrá frontalmente a la filosofía de la historia de Hegel, en la que las guerras y en general todo tipo de aniquiladora brutalidad se interpretan como una "astucia de la razón" divina, que dirige el mundo hacia su objetivo último: el Estado, consagrándolo como un imponente aparato al servicio del poder. Será Schopenhauer quien dé voz a las sombrías anticipaciones schellinguianas, pues, como es sabido, para el Buda de Frankfurt lo que se encuentra en los bajos de esta fosa séptica que es el universo es la ciega e irracional voluntad de vivir, que se proyecta en el ámbito de los fenómenos bajo la forma de una terrible lucha por la vida, en la que el monstruo humano ocupa un lugar especialmente activo y devastador.

Con todo, va a ser Eduard von Hartmann (él mismo exoficial del ejército prusiano) quien, a juicio de Horstmann, extraerá la conclusión lógica de los argumentos schopenhauerianos, al sostener que el principio que rige en su filosofía el proceso del mundo, lo Inconsciente, tiene como único y exclusivo objetivo liberarse del dolor que le inflige la voluntad, mediante una aniquilación total y definitiva, que él sitúa en el futuro, cuando el colectivo

humano, tras cobrar por fin plena conciencia de su miseria, decidirá erra-
dicarse de una vez de la existencia, mediante una especie de rebelión apocalíptica, por la que el monstruo, tras sentirse, por fin, como el engendro
que realmente es (hasta entonces esa certeza era en buena medida inconsciente), tratará de destruirse ya de forma consciente. Lo único que le faltó a
Hartmann, según Horstmann, fue el conocimiento del poder destructivo
que encierra la energía nuclear, aunque su desarrollo en forma de bomba ya
se encontraba implícito en algunas de sus reflexiones, a modo de profecía,
que el Proyecto Manhattan y la posterior carrera armamentística nuclear
hacen posible cumplir actualmente.

Con Schopenhauer y Von Hartmann (a los que conviene añadir Mainländer), la filosofía, como subraya Horstmann, retorna a "la certeza original
del mito", haciéndose cargo de que el endriago humano y el mundo que ha
urdido están condenados a la *aniquilación*. Pero ahora se añade una notable
y decisiva diferencia: mientras que estos filósofos se habían limitado a elaborar sofisticadas especulaciones filosóficas sobre la voluntad de exterminio del ser humano, ahora esa voluntad puede ejercerla instantáneamente
cualquier gañán/a elegido como presidente/a del gobierno de turno, o cualquier fanático líder religioso capaz de ejercer su influencia sobre millones de
descerebrados, gracias a los omnipresentes medios de comunicación-mani-
pulación de las masas y a los botones que una sofisticadísima tecnología
pone a su disposición (Günther Anders *dixit*). Los antecedentes que representan las dos "grandes guerras preparatorias", como las llama Horstmann
–es decir, la Primera y Segunda Guerras Mundiales–, no dejan lugar a dudas
sobre la eventualidad del tercer conflicto que se avecina y que, pronto o
tarde, vendrá a desencadenarse sobre la cabeza de los monstruos, porque
estos, en lo más profundo de su ser, están deseando aporrearse, golpearse y
machacarse unos a otros, llevados por el odio inextinguible que sienten
hacia los demás y hacia sí mismos, aunque traten de disimularlo organizan-
do infinidad de inútiles "conferencias de paz", en las que lo único que acier-
tan a decidir es cómo eliminar unas armas que han quedado obsoletas ante
otras mucho más letales, que aseguran una extinción mucho más eficaz de
toda vida planetaria. Ya Goya se había percatado, como dijimos antes, de

esta nefasta idiosincrasia del monstruo humano y la plasmó magistralmen-te en su *Duelo a garrotazos*, si bien lo que ahora esgrimen esas bestias que se golpean no son burdas estacas sino sofisticados misiles y drones. Porque, aunque el monstruo se revista de ciencia y tecnología, monstruo se queda...

En su fuero interno, el monstruo sabe que únicamente una aniquilación completa acabará con sus sufrimientos. Es esta convicción la que ha dirigi-do todo su desarrollo, desde la aparición de la primera hacha de sílex hasta la organización del citado Proyecto Manhattan. Así han sabido ponerlo de manifiesto, con sus geniales fotogramas, primero Stanley Kubrick en *2001: una odisea espacial* (1968) o *La chaqueta metálica* (1987), y más reciente-mente Christopher Nolan en *Oppenheimer* (2023), donde se describe, bien a las claras, la insistente voluntad del engendro humano por convertirse, al fin "en la Muerte, destructora de mundos".

Sin embargo, Horstmann constata que, al contrario de lo que cabría espe-rar, ha sido precisamente el XX (y, por lo que estamos viendo en lo que lle-vamos recorrido de él, también el XXI), el siglo que, aun habiendo sido el más aniquilador de la historia, tanto en el terreno bélico como ecológico, ha llevado a cabo la más insistente negación del carácter abominable del mons-truo y el que ha rechazado con mayor ahínco los discursos denunciadores de los pesimistas antropófugos, haciendo una obsesiva apología del huma-nismo que, a juicio de Horstmann, se encuentra a punto de fenecer, igual que el hombre al que defiende. El marxismo, el existencialismo o los estu-dios sobre la paz, no son sino otras tantas reacciones agónicas ante una evi-dencia que ya resulta imposible enmascarar. Para Horstmann, el marxismo no es sino una especie de sustituto ateo del cristianismo, por lo que desem-bocó –¿cabía esperar otra cosa?– en el exterminio de millones de seres humanos, mientras que el existencialismo, tras hacer una vacía apología del ser humano, al que previamente había despojado de cualquier esencia (lo que le hacía incapaz de explicar la tendencia destructiva y belicosa que le caracteriza), también terminó entregándose en los brazos del comunismo, con la *Crítica de la razón dialéctica* (1960); finalmente, los estudios sobre la paz, más que fomentar este bonito ideal, lo que constatan es, por contraste, la voluntad de destrucción de la criatura humana, al poner de manifiesto, con cifras irrefutables, los enormes recursos que dedica nuestra época "pacifista" a armarse, a generar todo tipo de simulaciones de catástrofes nucleares y contabilizar el delirante número de guerras que organiza cada año el monstruo a lo largo y ancho del vapuleado mundo que tiene la desdicha de habitar: señal clara de que el ser humano *no desea* eliminar tales guerras, sino que, muy al contrario, parece anhelar inconscientemente la llegada de una "redención global final" autoaniquiladora. A esta misma pulsión destructiva respondería la inacabable producción de películas del llamado "género de catástrofes", o distópicas, que vienen a apuntar a una debacle final como la única salida posible de nuestra historia.

Horstmann sentencia, de paso, a los movimientos ecologistas, que dicen defender una naturaleza que saben va a ser arrasada, sin remisión, por nuestra monstruosa especie, ya que esta, por muchos foros internacionales que organice o por decenas de manifiestos ecologistas que suscriba, ni por pienso se plantea poner coto al crecimiento económico desenfrenado que le asegura su bienestar, aunque esto implique dilapidar ingentes recursos, en el curso de una continuada agresión contra la naturaleza (a la que el monstruo quizás odia por haberle producido). Lo que nos depara el futuro no es el tan traído y llevado "desarrollo sostenible" (oxímoron compuesto por palabras de imposible conciliación en la mente del monstruo), sino guerras y conflictos cada vez más rudos, encaminados a apoderarnos de los escasos recursos que aún nos quedan por despilfarrar.

Idéntica crítica cabe hacer a esas teorías antropologías contemporáneas, como la de Gehlen, que ven en el ser humano un animal inacabado, incompleto, afectado por la neotenia o un permanente infantilismo, que debe dar paso al pleno desarrollo de todas sus capacidades. Horstmann cree, en cambio, que el hombre posee ya plenamente todas las facultades que necesita para lo que constituye su anhelo fundamental: autodestruirse, esto es, liberarse de sí mismo y de sus sufrimientos, y liberar de una vez al planeta de la aberración que él representa. Es cierto que la inmensa mayoría de los seres humanos, que trabajamos incansablemente como si fuéramos una carcoma en la tarea de devastar el planeta, no somos conscientes de ello, y realizamos nuestra labor de zapa de forma larvada, inconsciente; pero algunos individuos, más conscientes de lo que significamos verdaderamente en el contexto cósmico, saben que este es el objetivo final que nos impulsa, y se dan cuenta de que, retomando el antiguo *motto*, la naturaleza no hace nada en vano, por lo que tampoco con nosotros ha hecho una excepción, aunque ahora le toque pagar las indeseables consecuencias de su vana "sabiduría".

La lúcida certeza pesimista antropófuga, expresada por el sátiro Sileno, cuando le espetó al rey Midas que lo mejor para el ser humano es no existir y, si ya existe, morir pronto, es condenada, no obstante, por el "optimismo de autoayuda" contemporáneo, de manera que, si algún pensador se atreve hoy en día a proclamarla abiertamente, se ve obligado a autocensurarse o a deformar sus afirmaciones, para hacerlas casar a la fuerza con el discurso buenista predominante. Así le sucedió, por ejemplo, a Ludwig Klages, quien se percató de cómo el progreso del espíritu (sobre todo a través de la técnica) conduce a la aniquilación del alma y de la vida misma, o a Freud, quien, retomando el pesimismo de la mitología, vio en el impulso tanático algo más originario, un protoinstinto, que guía a todo organismo hacia el hundimiento y la destrucción, poniendo de manifiesto (como ya supieron antes de él Schopenhauer, Mainländer y Sabina Spielrein) que la muerte (la nada, el Nirvana) es el destino final de toda vida. Por eso, dice Horstmann, ni Klages ni Freud se atrevieron a sacar las últimas consecuencias de sus razonamientos: para el primero, la destrucción total solo debía anticipar el renacimiento de la vida preconsciente, y el segundo compensó sus tesis antropófugas introduciendo como contrapeso el Eros, la pulsión vital. Incluso Foucault, aunque sostuvo que el ser humano está llamado a desaparecer, no fue capaz de ir más allá de su vacuo formalismo estructuralista. Horstmann juzga que únicamente E. Cioran (y añado yo: Manlio Sgalambro) ha alcanzado en nuestro tiempo el nivel de autentico pensador antropófugo, al mantener un pesimismo sin concesiones y sostener que haber nacido es, sin duda, un grave inconveniente; para Cioran, al ser humano no le espera más que el autoexterminio, porque el principal objeto hacia el que dirige su empecinada rabia es él mismo, y lo único que a la postre anhela el aborto humano es la paz de la muerte, con la que parece haber estado obsesionado desde su malhadada aparición.

Horstmann sabe muy bien que esta verdad no será aceptada y que el humanismo optimista negará tanto más tozudamente la evidencia de que estamos abocados a la destrucción cuanto más patente esta sea, haciendo gala de ese eficaz mecanismo de defensa que el investigador alemán Rudolf Bilz llamaba la "represión protectora", por la cual un organismo sigue luchando por vivir en cuanto tiene alguna esperanza de ser salvado, por remota que sea. Nuestro filósofo es consciente de que su propuesta antropófuga será juzgada como una suerte de *boutade* y no será tomada en serio. Pues el humanismo ha terminado por convertirse en una especie de "ideología de la supervivencia", elaborada por el monstruo para autoengañarse sobre su destino final, mientras trabaja incansablemente para cumplirlo. De ahí que el pensamiento antropófugo horstmanniano –como decía el filósofo español José del Perojo del pesimismo de Schopenhauer y Eduard von Hartmann– se conforme con tener *adeptos*, no discípulos, pues, siendo una "perspectiva de minorías" se dirige a un pequeño grupo de sujetos lúcidos, consciente de que la reacción de los humanitarios es inevitable, tan inevitable como el desarrollo fatal de los acontecimientos que –no cabe dudarlo, a la vista del desarrollo adoptado por los homínidos a lo largo de su historia– culminará con el eventual desencadenamiento de los mecanismos destructores y la consiguiente cancelación total de nuestra especie, gracias al poder de la técnica, que permite chamuscar todo el planeta apretando simplemente un botón, parecido al que sirve para freír un cadáver de pollo en el microondas.

Cuando la tentación de apretarlo le venza, el ser humano dejará de preocuparse, pues para entonces habrá "aprendido", incluso, "a amar la bomba" (*Dr. Strangelove or: How I learned to Stop Worrying and Love the Bomb*, Stanley Kubrick, 1964), hasta tal punto que ninguna compasión hará temblar su mano. Llegado ese punto, el cataclismo estará servido y el suicidio colectivo se habrá consumado. Como bien sabia el genial creador de *¿Teléfono rojo? Volamos hacia Moscú*, sólo hay algo más peligroso que las armas nucleares: la estupidez humana, la letal estulticia del monstruo, que tan lúcida y descarnadamente nos describe en este excelente ensayo Horstmann.

Madrid, febrero de 2024

Ulrich Horstmann

El monstruo
Perfiles de una filosofía antropófuga
Ensayo sobre la guerra y el belicismo

Otto Dix: *Tropas de asalto bajo el gas*, 1924

Dedicado a los no nacidos aún,
y a aquellos *yahoos*[6]
capaces de distinguir bien
entre la ciencia y la sátira.

Reírse de la filosofía
es filosofar de veras
Pascal[7]

---

6. Los *yahoos* son criaturas salvajes, sucias y de hábitos desagradables, que se parecen a los seres humanos y aparecen en *Los viajes de Gulliver* (1726) de Jonathan Swift.
7. Blaise Pascal: *Pensamientos*. Traducción de Carlos Pujol, Planeta, Barcelona, 1986, p. 18.

I

Tenemos el Apocalipsis encima. Es algo que todos nosotros, los monstruos, sabemos desde hace tiempo. Detrás de las discusiones entre los partidos, de los debates sobre el desarme, de los desfiles militares y de las marchas antimilitaristas; detrás de la fachada de los deseos de paz y de los armisticios sin fin, hay un acuerdo secreto, un gran convenio tácito: que debemos acabar con nosotros y con nuestros semejantes, tan pronto y tan a fondo como sea posible, sin perdón, sin escrúpulos y sin dejar supervivientes.

¿Para qué engañarnos? Lo que el monstruo llama "historia mundial" no es sino la esperanza de una catástrofe, del hundimiento, de que desaparezca cualquier huella. ¿Quién podría soportar la letanía, que se prolonga ya por siglos, del golpear, pinchar, clavar y cortar, de la monótona matanza y del machacar de cráneos, de ese Om mani padme hum[8] *de la atrocidad –promovido, ciertamente, en la medida de sus fuerzas–, si su razón no albergase, al mismo tiempo, la secreta certeza de que tales inquietos ejercicios le van aproximando a él y a su especie, matanza tras matanza, batalla tras batalla, campaña tras campaña, guerra mundial tras guerra mundial, de forma imparable, a aquella masacre última, a aquel Armagedón global, con el que el monstruo, falto de aliento, trazará su postrera línea bajo el balance de su continuo sufrimiento?*

En los Parlamentos crían las palomas y los halcones de la galería extienden sus garras. Quienes no escucharon sus protestas, se arman, haciendo oídos sordos a la paloma de la paz, y asintiendo, sin darse cuenta, a aquel correctivo de un Zaratustra:

¿Vosotros decís que la buena causa es la que santifica incluso la guerra? Yo os digo: la buena guerra es la que santifica toda causa. (Nietzsche 1967, I: 575)[9]

---

8. Horstmann alude, irónicamente, al más famoso mantra del budismo, el mantra de "la joya del loto", pronunciado por el bodhisattva de la compasión, Avalokiteshvara.

9. F. Nietzsche: *Así habló Zaratustra*. Traducción de A. Sánchez Pascual, Alianza, Madrid, 1979[7], p. 80. (Las referencias entre paréntesis en el texto corresponden a la bibliografía utilizada por Horstmann; a pie de página citamos las traducciones españolas de los pasajes más relevantes).

Así que el monstruo se ha cansado, por fin, de los cuentos de viejas, de las utopías, de las visiones paradisíacas y de las historias sagradas; ha hecho de tripas corazón y ha mirado cara a cara a lo inevitable. Consuela pensar que el desastre está cerca, que los eones de perseverante preparación y de incesante perfeccionamiento tocan a su fin, y que la recompensa: dejar de sufrir, haber dejado de sufrir, es ya inminente.

El verdadero Jardín del Edén es el vacío [Öde]. La meta de la historia, el erosionado campo de ruinas. El sentido [Sinn], la arena que chorrea de las cuencas vacías de una calavera, azotada por el soplo del viento.

Tales proposiciones otorgan mala reputación y suenan arrogantes. Otorgan mala reputación, porque asumen el derecho de llamarle monstruo al monstruo, al tiempo que boicotean aplicarle el eufemismo "ser humano". Suenan arrogantes, porque ellas, evidentemente, niegan la lealtad a la especie y abandonan el redil del sano entendimiento humano, y también de su sano optimismo.

Aunque se deben a una intuición más racional –si bien, al mismo tiempo, excéntrica e inaceptable–, la que aquí toma la palabra es una razón residual y endiablada. Hacer que se escuche esta voz es el tema de la exposición que viene a continuación, que, con ello, se convierte, a la vez, en un escrito polémico y en un alegato a favor de una nueva filosofía, que se libera del punto arquimédico de lo humano y que no trata de acabar con el ser humano valiéndose de vanos intentos, sino que piensa su fin de una manera muy elemental. Lo peculiar y la base de esta forma de reflexión, al principio extraña –aunque, como si fuese un Caballo de Troya, existe ya desde siempre en las cabezas de los monstruos–, es lo que vamos a designar, en lo sucesivo, como la *perspectiva antropófuga [anthropofugale Perspektive]*, consistente en un punto de vista que se proyecta en base a una *huida especulativa del ser humano [spekulativen Menschenflucht]*. Lo que con esta perspectiva se pretende es mantener la distancia del monstruo respecto de sí mismo y de su historia, lanzando una mirada imparcial, que interrumpa el aparente mandato universal de simpatía con la especie a la que pertenece el mismo que reflexiona, cortando los vínculos afectivos.

La imagen que mejor representa esta mentalidad, es la de una cápsula espacial que da vueltas elípticas constantemente alrededor de la tierra, para separarse un día de ella por completo y desaparecer en las profundidades del espacio. Si suponemos que el viajero espacial que se encuentra a bordo de dicha cápsula conoce con precisión la trayectoria de su vuelo, que le hace imposible el retorno, entonces sería precisamente su mirada fija sobre los planetas, su distancia insalvable, que destruye cualquier ilusión, la desintegración de los patrones perceptivos y de confianza, que se han vuelto inútiles, en suma, esa despedida larga, dolorosa y sin embargo insólitamente rica en conocimientos, lo que él compartiría con el filósofo antropófugo. Igual que el astronauta, él ha alcanzado la velocidad de escape, aunque no se trata, desde luego, de una velocidad física, sino intelectual. Igual que el astronauta se libera del campo gravitatorio de la tierra, él ha logrado escapar de la fuerza gravitatoria del humanismo, es decir, de aquella esfera de influencia y de esa fuerza ideológica que mantiene a los monstruos, tanto antes como después, fijados con ambas piernas sobre el suelo de los hechos, negándoles la posibilidad de mirar por encima del horizonte.

La modernidad de la metáfora astronáutica no puede hacernos olvidar, en todo caso, que el pensamiento antropófugo y la capacidad de previsión de los monstruos sobre sí mismos, son mucho más antiguos que los satélites y la conquista tripulada del espacio cercano a la tierra y, en el fondo, representan mucho más una herencia de la especie, que podría haberse desarrollado en la fase de la hominización, junto con la solución inteligente de los problemas y la comprensión práctica. Como es bien sabido, resultan raras las huellas directas de este estadio de la evolución, y sus constructos ideológicos están en irreparable contradicción con los guanteletes y las puntas de lanza. Pero aun en los mitos y las religiones de los, así llamados, "primitivos" y de las primeras culturas desarrolladas, resulta claramente rastreable la desorientación, el sentimiento de extrañeza y de desplazamiento existencial que acompaña a los monstruos desde el comienzo de su historia como especie.

II

El monstruo no era algo evidente desde el principio y, en una forma primitiva de la percepción antropófuga del mundo, este último podría representarse perfectamente sin él. Es ya característico de un sinnúmero de mitos de la creación que en ellos, cuando se habla de la creación del ser humano por los dioses, se hable simplemente de algo chapucero, de un desecho. Los demiurgos de toda laya hacen todo tipo de ensayos, utilizando piedras, madera, tierra, cera, cañas…, y el resultado es siempre igual de penoso: la cera se derrite al sol; los prototipos hechos en madera se ven arrebatados apresuradamente a un mundo mejor, en el que les espera la vida eterna; a los hechos de piedra, les importa un comino el código de conducta de su creador, y así sucesivamente (cfr. Grimal, 1967 III, 205 y ss.). Las tortuosas carencias constitutivas que el monstruo descubre en sí mismo incriminan a lo divino, y explican, también, el ya muy temprano ocuparse, de forma a veces maníaca, con la catástrofe cósmica y el hundimiento eterno, que se conciben como la recompensa por los pecados, como un tribunal penal y una retribución y, por consiguiente, en lo que se refiere a su consistencia y cálculo, como algo bastante lógico y comprensible.

Que hubiese sido mejor no haber existido, es algo que el monstruo, de un modo u otro, ha reconocido desde siempre. Lo ha hecho de forma retrospectiva –y con alivio, al verse salvado–, en la historia del Diluvio Universal, que se encuentra tanto en el poema épico de Gilgamesh como en el Antiguo Testamento, y también en sus versiones griegas, chinas, australianas y de Oceanía; y lo ha hecho prospectivamente, sin este consuelo, en las fantasías sobre un grandioso cataclismo, como sucede en el ciclo cultural del Occidente cristiano, mediante la sobradamente conocida Revelación de Juan [Apocalipsis], o en su análogo germano, el ocaso de los dioses de la mitología nórdica, especialmente en el *Edda*, en donde se describe con énfasis e ímpetu apocalíptico el placer que encuentra el monstruo en el hundimiento:

Hrymer llega del oriente; su escudo va delante de él. Jormungand está poseído de la rabia de los gigantes; la serpiente agita las olas, y las águilas gritan.

Nidhoegg desgarra los cadáveres; Nagelfare queda en libertad. [...] Surtur viene del Sur con antorchas resplandecientes; su espada brilla como el sol de los dioses. Las montañas de granito crujen; los gigantes desfallecen; los hombres toman el camino que conduce hacia Hela; el cielo se hiende. [...] El sol se oscurecerá; la tierra se hundirá en el mar; las brillantes estrellas caerán del cielo. Hervirá el vapor, y se lanzará el fuego resplandeciente; las llamas atacarán al cielo mismo. (*Edda*, 1920 II, 41 y ss.)[10]

En esta *Profecía de la Vidente* (*Voluspá*) se anticipa tan ampliamente la domesticación cultural del monstruo, el establecerse en su planeta, que el retraimiento visionario de la propia existencia de la especie solo puede ocurrir como consecuencia de una destrucción total, del "hundimiento del mundo" [*Ragnarök*]. A pesar de ello, en tan clarividente globalización de la muerte y en la melancólica producción de aquella perfecta sincronía cósmica, permanece desde entonces claramente rastreable, como un impulso fundamental, aquella relación armónica hacia el mundo entorno, de la que el monstruo nunca fue capaz durante su existencia como especie –al menos en lo que se refiere a la fase de la disolución y aniquilación y al interés original en problematizar su propia existencia–; y la necesidad especulativa encuentra, acaso, una satisfacción más duradera en la religión Anahuac del centro de México, mediante la pluralización de la catástrofe:

Casi todos los testimonios [...] tienen como contenido un mito, que es conocido como la "leyenda de los tres soles", y que aparece en distintas versiones. [...] Cuatro períodos del mundo, que son designados como soles, han precedido a la época presente, y todos encontraron su término en una catástrofe natural. El primer sol, *nahui ocelotl* (= cuatro Jaguares), duró 375 años. En el día de los "cuatro jaguares", vinieron todos los habitantes de la tierra y fueron comidos por estos. "Entonces desapareció el sol [...]". A este le siguió otro sol, cuyo nombre era *nahui ehecatl* (= cuatro vientos). En esta era, la humanidad fue arrastrada por temibles vientos. Los supervivientes se con-

---

10. *Los Eddas*. Traducción de D. A. de los Ríos, Madrid, Imprenta de la Esperanza, 1856, p. 99.

virtieron en monos. Este periodo de tiempo duró 364 años. Entonces llegó el sol *nahui quiahuitl* (= cuatro lluvias). Después de 312 años, una horrorosa lluvia de fuego aniquiló todos los seres vivos y todas las cosas. Los seres humanos fueron transformados en pájaros. El último sol, *nahui atl* (= cuatro aguas), duró 676 años y, cuando llegó a su fin, todos los seres humanos se transformaron en peces. El quinto, que corresponde al período actual del mundo, porta el nombre de *nahui olin* (= cuatro-movimientos). Es el sol bajo el cual vivimos nosotros actualmente [...]". (Grimal, 1967, III: 177)

No hay duda de que *nahui olin* terminará tan violentamente como los períodos pasados. Según esto, para el creyente, la historia de la humanidad y del mundo no sólo conduce a la catástrofe, sino que ella es esta catástrofe, que, con su permanente ciclo, es siempre la misma.

La conciencia mítico-religiosa, allí donde concibe al monstruo como un ser abandonado y extranjero, que cae fuera de la creación y se ve apartado como un cuerpo extraño de manera rabiosa y absolutamente fantástica, es, por doquier, una conciencia antropófuga [*anthropofugales Bewusstsein*]. Que aquí se trate de algo que se pone de manifiesto de una forma preconceptual y con imágenes poco adecuadas, hay que achacarlo, en primer término, a la naturaleza del único medio de expresión disponible y, por otra parte, a que el pensamiento filosófico que se va desarrollando lo primero que hace es desprenderse radicalmente del profundo pesimismo del mito [*Pessimismus des Mythos*].

Ya en los fragmentos de los presocráticos griegos, el recuerdo del monstruo desaparece a favor de proyectos filosófico-naturales y cosmológicos; y, poco tiempo después, en lugar de la *skepsis*[11] mítica frente a la propia especie, en lugar del deseo de regresión totémica a lo animal y la tristeza por la propia monstruosa expulsión, se promueve una nueva imagen de sí mismo, con rasgos invertidos: aquella representación prometeica[12] del "ser humano", que ha dominado en la especie hasta el presente.

11. "Escepticismo".
12. El ascenso del mito de Prometeo al rango de patrón común de interpretación de la modernidad muestra que también la conciencia mítica, a la larga, se vio incapaz de

III

Uno no puede hacerse clara idea de la radical ruptura entre la percepción antropófuga mítica y el antropocentrismo helenístico, si no trata de concebir por qué la formulación de una filosofía antropófuga ha sido una empresa tan difícil hasta el día de hoy. Todo el instrumental filosófico está, tanto antes como después, como impregnado del narcisismo de la especie, que caracterizó a la Antigüedad, y del descubrimiento euforizante de que el monstruo expulsado, ese ser carencial, podía levantar el vuelo como usurpador intelectual, libre como un pájaro, y ser capaz de "explicar su mundo", entronizándose en el centro, como ente explicador, apoyándose en sus explicaciones. De este modo, el monstruo ratificó sus logros civilizatorios, que por vez primera le protegían contra el terror del medio ambiente natural que envuelve al "primitivo",[13] y se glorificó a sí mismo como "*homo sapiens*", una estúpida ilusión, que luego, unida al mandato judeocristiano, que le ordenaba "dominar la tierra", invocó siempre nuevas técnicas de

depositar su visión confiada en la perspectiva antropófuga, dando la impresión de haber sido infiltrada por el antropocentrismo, bien por causa de una transmisión deformadora, bien debido a una dinámica "prehumanística" propia, ya tardía. (Nota de U. Horstmann; en adelante: NUH).

13. La dialéctica mentada es la siguiente: el "primitivo" vive en una naturaleza indómita, que él no puede dominar, y a cuyos rigores y terror está expuesto, debiendo renunciar, al mismo tiempo, a la dotación instintiva del animal. El mito originario se transporta justo a esta experiencia de encontrarse expuesto, y la única salida posible que conoce es la alternativa entre una lujuriosa animalización renovada o la propia aniquilación. Con el desarrollo de estrategias de supervivencia cada vez más complejas y fiables, que en la revolución neolítica alcanzaron su primer punto culminante y, por consiguiente, con el tránsito desde una existencia de cazadores-recolectores a la agricultura y domesticación de los animales, esta alternativa perdió el fundamento existencial de la vivencia de amenaza permanente a través de un medio ambiente natural hostil, y con ello su plausibilidad. El lugar del mito originario fue ocupado por los mitos de estabilización, que aseguran el *status quo*, y mitos sobre los derechos, que promueven su transgresión. Sin embargo, la distancia que sigue siéndole propia, tan solo neutraliza la nueva autoconciencia de los filósofos, que se caracteriza por una autoconfianza carente de parangón, alimentada por la seguridad civilizatoria de las polis y una pretensión universal de explicación y, con ella, de donación de sentido. (NUH)

empoderamiento y control de la vida, en un proceso constructivo de pretensiones de poder y conocimientos relacionados con el dominio tecnológico asegurados ideológicamente, que duró aproximadamente dos mil años, y que parecían confirmar las que hasta hacía poco tiempo eran meras fantasías sublimadas de omnipotencia filosófica de la metafísica griega, ratificándolas de la manera más sostenible y gratificante.

Con la puesta en marcha en el siglo VII a. C. de la máquina filosófica de otorgamiento de sentido, de la mano de Tales, Anaximandro o Pitágoras, comenzó la despiadada liquidación del monstruo por los seres humanos, así como la rigurosa represión de la experiencia originaria de la carencia de sentido y el absurdo de la existencia de la especie, por medio de una razón que reconstruía el cosmos, según su propia plantilla del pensamiento y no ahorraba a la hora de concederse, incluso, un puesto en la armonía total confortable y familiar a la que se había llegado, si no como principio creador originario en forma de Logos o Nous, sí, al menos, como "recreador" y "corona de la creación". Las estructuras ordenativas del universo se identificaron con las de la reflexión filosófica, y la cúpula celestial se elevó por encima del disco terrestre, como techumbre de una calavera filosófica platónica [*platonischen Philosophenschädels*].

El carácter proyectivo de las representaciones divinas personales ya fue conocido por Jenófanes (570-477 a. C.), quien se burlaba del politeísmo antropomórfico del mundo de los dioses olímpicos, al constatar que:

> Si los bueyes, los caballos o los leones tuviesen manos y fueran capaces de pintar con ellas y de hacer figuras como los hombres, los caballos dibujarían las imágenes de los dioses semejantes a las de los caballos y los bueyes semejantes a las de los bueyes y harían sus cuerpos tal como cada uno tiene el suyo. (Capelle, 1968, 121)[14]

Pero ni él ni los que le siguieron –con excepción, quizás, del nihilista Gorgias y del escéptico Pirrón– fueron conscientes del antropocentrismo y

---

14. G. S. Kirk y J. E. Raven: *Los filósofos presocráticos*. Gredos, Madrid, 1979, p. 241.

el logomorfismo de la propia especulación. Al contrario, el sofista Protágoras anuncia, con voz de bóveda, la convicción de que "el hombre es la medida de todas las cosas, de las que son en cuanto que son y de las que no son en cuanto que no son",[15] un punto de vista cuya interpretación subjetivo-relativista rechazó Sócrates, pero que él suscribe expresamente, en relación a la especie como un todo. La proposición del "*homo mensura*", tal como la entiende Sócrates es, propiamente, la tesis filosófica que se contrapone a la antropófuga del mito, con su concepción, altamente modesta comparada con ella, de la posición y significado del monstruo.

Si el mito primitivo era el documento del estar expuesto y de la amenaza, la filosofía aparece como la colonización espiritual, como una apropiación especulativa del territorio, que guarda evidentes paralelismos con los campos de batalla de un Alejandro o la expansión del Imperio Romano. Cuán próxima se halla la mentalidad del filósofo con el imperialismo del político, lo muestra el siguiente argumento del *De natura deorum* de Cicerón, que, después de algunas modificaciones para la justificación del pensamiento antropocéntrico, valía tanto como la legitimación de las acciones militares contra los bárbaros irracionales:

¿Con qué fin, pues, diremos que ha sido creado el mundo? Indudablemente para aquellos seres vivos que están dotados de razón; estos seres son los dioses y la especie humana, que con toda certeza superan a todas las demás cosas en excelencia, puesto que la más excelente de todas las cosas es la razón. Así, pues, hemos de creer que el mundo y todas las cosas que contiene fueron hechos a causa de los dioses y los hombres. (Panitz, 1974: 67)[16]

El conocimiento antropófugo latente, reprimido, no tuvo nada que oponer a la certeza que ostenta este pensamiento de haber sido elegido, en base a una adoración hacia sí mismo y una apoteosis del ser humano, sugeridas por la razón filosófica recientemente descubierta, cuyas pautas ideológicas parecían confirmarse palpablemente por la relativa estabilidad y seguridad

---

15. *Protágoras / Gorgias: Fragmentos y testimonios*, Orbis, Barcelona, 1984, p. 51.
16. Cicerón: *Sobre la naturaleza de los dioses*, Sarpe, Madrid, 1984, p.188.

que ofrecía la polis griega y luego la *pax romana*. Solo en tiempos convulsos y de crisis, se hacía visible de nuevo, en forma mermada y mediante algunas reliquias, como si fuesen restos flotantes que deja atrás la marea en su retirada. El ejemplo más impactante de tal reactivación, en contra de su voluntad, es la Stoa, que buscó contrarrestar los tiempos inseguros que corrían con la radicalización de la ética antropocéntrica en un ideal de la humanidad, en el que, con todo, ya se encuentran igualmente cuñas antropófugas. La afirmación de Epícteto, según la cual "todos somos hermanos y tenemos el mismo Dios sabio como padre", o el alegato humanístico del emperador Marco Aurelio que sigue a continuación, introducen ya algunos elementos antropófugos, un poco como de contrabando:

Irritarse con [los seres humanos] nada te interesa, sino tratarlos y soportarlos indulgentemente, aunque acordándote de que tu separación no será de hombres que opinan como tú. Pues solo eso, si acaso, nos podría arrastrar y retener en la vida, si cupiese convivir con quienes se han formado los mismos principios. Pero de hecho ves cuánto sufrimiento hay en la discrepancia de la vida en común, como para decir: "Ojalá llegases cuanto antes, oh muerte, no sea que yo mismo me olvide de ti". (*ibid*.: 189)[17]

Y lo mismo sucede con la doctrina de la paz del alma (*ataraxia* o *tranquillitas animi*) y la "*apatía*" en las que, acaso, resuena algo de la gran indiferencia del pensamiento antropófugo frente a las inflacionarias pretensiones de felicidad del monstruo, junto a la justificación del suicidio (meditado), que parece un reflejo subjetivo y abreviado de los anhelos apocalípticos.[18]

17. Marco Aurelio: *Meditaciones*. Traducción de Bartolomé Segura Ramos, Alianza, Madrid, 1985, p. 115.
18. Cfr., por ejemplo, las *Epistolae morales* de Séneca, en las que, entre otras cosas, se dice: "Antes que pensar que la fortuna lo puede todo en el hombre que vive, pensaré que la fortuna no puede nada en el hombre que sabe morir. [...] En nada como en la muerte hemos de obrar a merced de nuestro arbitrio. Salga el alma por donde tomara el impulso: tanto es que haya preferido el hierro como el lazo, como algún brebaje que penetre en las venas, embista hacia delante y quiebre las ataduras de la servidumbre. Debemos querer la vida aprobada por los demás; la muerte, empero, apro-

IV

El debilitamiento y consecuente aniquilación del Imperio Romano, como consecuencia de las migraciones de los pueblos, debió vivirlo el antropocentrismo antiguo como una bárbara falsificación, en el pleno sentido de esa palabra, de sus premisas humanísticas y, en correspondencia con ello, trajo consigo casi un siglo de silencio. Por otra parte, el indecible horror que propagaron las hordas saqueadoras, incendiarias y asesinas de hunos, godos, burgundios, alamanos y francos; la rabia destructora e inhumana que los vándalos dejaron, literalmente, tras de sí, hubiera debido conducir a los contemporáneos educados filosóficamente a la reactivación de la antigua concepción mítica de la esencia del ser humano como monstruo, para la cual, como hemos citado, en el estoicismo se había dado un punto de partida, si otros factores no hubiesen frustrado el surgimiento, en este punto del tiempo, de un pensamiento antropófugo posmitológico [*post-mythologischen anthropofugalen Denkens*]. Los factores que influyeron fueron, entre otros, la falta de originalidad y la carencia de fuerza innovadora de la filosofía romana en general, que nunca fue capaz de ir más allá de la adaptación y el desarrollo de los sistemas griegos; la destrucción o impedimento de los canales de comunicación establecidos, que impidió la expansión de ideas heterodoxas; la intimidación o la aniquilación física de la *intelligentsia* y, en fin, la existencia de un paradigma rival superior, es decir, del cristianismo.

El dogma cristiano y la filosofía cristiana son, en último término, responsables de que la Antigüedad, tras la eufórica negación del monstruo, que ella

bada por uno mismo: la mejor muerte es aquella que agrada. [...] La cosa mejor que ha hecho la ley eterna es que, habiéndonos dado una sola entrada a la vida, nos ha procurado miles de salidas. ¿Yo tengo que aguardar la crueldad de una enfermedad o de un hombre, pudiendo escapar de entre los tormentos y apartar por mí mismo los estorbos? Aunque no sea más que por esta razón no podemos quejarnos de la vida, pues ella no nos retiene a la fuerza. [...] Si te place, vive; si no te place, estás perfectamente autorizado para volverte al lugar de donde viniste". (Panitz 1974: 223) [*Cartas morales a Lucilio*. Traducción de J. Bofill y Ferro, Orbis, Barcelona, 1984, Vol. I, Carta LXX. Sobre el suicidio, pp. 166-167]. (NUH) había expulsado desde el comienzo, no encontrase finalmente aún el camino de retorno a lo negado y reprimido, como lo más originario y propio, sino que rescató su antropocentrismo y pudo disolverlo en el teocentrismo de la doctrina cristiana, que tenía una estructura homóloga. Este teocentrismo produjo lo inaudito, por cuanto la experiencia cotidiana de la destructividad del monstruo, dirigida contra la propia especie, y los pensamientos centrales del antiguo humanismo, que capitulaba a la vista de una experiencia que se burlaba de sus doctrinas, se unieron y sintetizaron en un nuevo concepto plausible, que perduró durante siglos. La fórmula, ideológicamente tan exitosa, consistió en la integración en lugar de la polarización. En vez de deportar al monstruo a un ámbito tabú, como hizo la filosofía griega, y emplazar en el pedestal vacante la escultura filosófica del ser humano, el cristianismo hablaba ahora del monstruo *en* el ser humano, considerándolo una forma fallida, una degeneración, una deformación. Con esta nueva perspectiva se ganaron dos cosas: aceptar la realidad empírica como tal, pudiendo "explicarla" como la caída del ser humano y el apartamiento de Dios, al tiempo que se preservaba el primado de lo humano, a pesar de la permanente caricatura social, como primacía del ser humano creyente y entregado a Dios.

El precio que hubo que pagar por semejante salvación del ser humano fue la pérdida de aquella autonomía existencial e intelectual que caracterizaba a la concepción grecorromana en su trato con los dioses, por lo general bastante frívola. El humanismo quedó entonces anclado teocéntricamente y derivó sus garantías existenciales de un Dios creador, en el fondo bienintencionado y, respectivamente, de su hijo, expresamente humanófilo [*humanophilen Sohn*], el cual, a fin de satisfacer su fijación al límite se mostró dispuesto, incluso, a una especie de muerte por amor [*Liebestod*] expiatoria, cortándole así, de una vez por todas, la punta a los periódicos arrebatos misantrópicos de su Padre.

La meta vital del individuo particular en la Edad Media se convierte en la expulsión del monstruo de sí mismo, en un proceso de purificación que ha descrito de forma modélica San Agustín en sus *Confesiones*, escritas en el año 400. Donde la destructividad de la especie es introyectada de tal modo, ella conduce, en un medio ambiente ideológicamente hostil, al martirio y, por su parte, en el contexto dotado de la impronta social cristiana, al ideal vital de la renuncia y la ascesis, que en aquella época representaban, de hecho, las cualidades centrales del *habitus*[19] intelectual. Pero, incluso en la existencia del ermitaño, los impulsos antropófugos ya no pervivían intactos, pues la huída ante lo humano siempre aparece ya devaluada por el fenómeno concomitante de un movimiento progresivo: la fuga hacia el seno, o la mano protectora de Dios.

Los pocos monstruos que poseían una disposición meditativo-monacal, pero no se encontraban en situación de sublimar su voluntad de aniquilación ni su mirada retrospectiva de odio humano sobre sí mismos, quedaron, con ello, remitidos a que la Iglesia –bien entendido que por interés propio, pues ella debía desviar la agresión a la especie y quería mantener a raya la desestabilización de sus propias estructuras, por ejemplo, a través de la herejía– pusiese un espacio libre a su disposición, en el que ellos podían desfogarse. Pronto se encontró una justificación argumentativa para esta liberación de la violencia, que siguió el tradicional esquema según el cual "el fin justifica los medios". Cierto que, por lo general, había que castigar al monstruo –"la malvada carne"–, luchando contra los enemigos, en el campo propio o ajeno, o predicando contra los heréticos y paganos, pero la brutalidad triunfante era un regalo de Dios y, por tanto, bienvenida.

Durante la primera cruzada, el celo por la causa sagrada, en especial con la conquista de Jerusalén el 15 de julio de 1099, ya no tuvo límites. La masacre costó la vida a unos diez mil sarracenos; la mayoría de los asesinados pertenecían a la población civil y eran, por tanto, adolescentes, ancianos y mujeres, de cuyos senos arrancaban los conquistadores a los niños, para destrozarles el cráneo, ante los ojos de sus madres, en los muros y las jambas de las puertas (cfr. Lehmann, 1976: 148). Un cronista anónimo completa su relato, reproduciendo con estas palabras la mentalidad originaria de los merodeadores:

19. "Hábito".

Después de que los nuestros hubiesen finalmente vencido a los paganos, llevaron al templo a un gran número de hombres y mujeres, y los mataron o los dejaron vivir, según les pareció. Pronto recorrieron rápidamente los cruzados toda la ciudad y arramblaron con el oro, la plata, los caballos y mulas, saqueando las casas, que estaban llenas de riquezas. Luego, felices y llorando de alegría, los nuestros fueron a honrar la tumba de nuestro Redentor, y expresaron frente a ella su agradecimiento. […] Se ordenó también arrojar a todos los sarracenos muertos de la ciudad, a causa del indescriptible olor que la invadía, porque estaba llena de cadáveres. Los sarracenos supervivientes arrastraron los muertos fuera, amontonándolos en pilas tan grandes como casas. Nadie había oído ni visto jamás un baño de sangre parecido bajo el pueblo de los gentiles. Hubo piras por todas las esquinas y nadie, salvo Dios, sabe cuántas fueron. (Pernoud 1977: 101 ss.)

El monstruo cristiano cayó, regularmente, en el mismo frenesí sanguinario en sus propias tierras, cuando se trató de preservar la pureza de su doctrina. Dollinger describe así un episodio de la "campaña" contra los albigenses, en su *Libro negro de la historia mundial*:

Cuando, en julio de 1209, la ciudad de Béziers rechazó extraditar a todos los herejes, la asaltaron los católicos, entonando la canción: "Ven, Espíritu Santo", y organizaron un horroroso baño de sangre entre sus habitantes, dando lo mismo si eran herejes o católicos. El enviado papal Arnaud, cuando se le planteó la pregunta de si se debía proteger a los católicos de la ciudad, parece haber respondido diciendo: "Matadlos a todos; el Señor sabrá reconocer a los suyos (los católicos)". (Dollinger 1973: 144)

Adviértase bien que aquí no se trata, en absoluto, de cinismo, sino, por el contrario, de la pretensión de Arnaud, sostenida por la más profunda fe, de que el teocentrismo otorga al monstruo una conciencia buena y pura, con tal de que esta desencadene su furia sobre un territorio enemigo de la ortodoxia. La conciencia inquisitorial y la exigencia de pureza del catolicismo, al que fueron sacrificadas innumerables vidas humanas, siempre falló cuando se trataba, no de la salvación de las almas de los demás, sino de su propio autoconocimiento. Mientras el humanismo antiguo fue incapaz de elaborar la irrupción de una realidad monstruosa en el cosmos bien ordenado de su pensamiento, la crueldad medieval –que era comparable con aquella, si no, incluso, más potente– no pudo conmover la imagen del ser humano elaborada por la Escolástica. De conformidad con los mecanismos descritos, la violencia, como tal, siempre fue perceptible, en general, del lado de los disidentes, y, por tanto, en el campo del adversario transformándose aquí rápidamente en un poder demoníaco; y, en correspondencia, las tropas de paganos o herejes fueron vistas como cohortes del viejo y malvado enemigo. Devolver la violencia no era ya, en absoluto, "violencia", sino servir a Dios.

La fórmula originaria de lo monstruoso *en* el ser humano, que fue portada por la conciencia del pecado y la penitencia, se fue apagando cada vez más en la institución católica, y el centro del poder eclesiástico, interesado en extender su esfera de influencia en el curso del desarrollo esbozado como grandeza reflexiva y cuadro interpretativo de la introspección, se radicalizó, más bien, en el trato con los adversarios ideológicos de la religión, que finalmente aparecieron únicamente como algo inhumano, del cual había que desenterrar laboriosamente los restos de lo humano, mediante la tortura. Las quemas de herejes, y más tarde los procesos de brujas, que retrospectivamente nos parecen como la irrupción de un sadismo colectivo, respondieron, al menos tal como fueron leídos oficialmente, a motivos altamente honorables, relacionados con la cura de las almas; pues solo por medio de las hogueras –equivalentes a un purgatorio anticipado– escapaba el alma endemoniada de la víctima de la condena eterna.

Con ello, el teocentrismo, que había venido a controlar la barbarie y a encerrar al monstruo bajo la llave de la ascesis, produjo, con el avance progresivo de la historia, más y más carnicerías y ejecuciones, con las que mutuamente se cortejaban los seguidores de la religión del amor, cuyo auténtico elemento vital real, en todo caso, era la imposición del auto de fe y el desolladero, por parte de los que en sus predicas exhortaban a la paciencia y el perdón, pero cuyos actos estaban animados por un odio furioso hacia el ser humano.

V

La discrepancia entre la pretensión teorética y la propia praxis, no dominada precisamente por el amor a Dios, se reproduce en la misma Escolástica –aunque con un fuerte sesgo teológico–, en la llamada disputa de los universales, en la que se trataba del estatus ontológico de los conceptos generales. El nominalismo tardío de un Duns Scoto o un Guillermo de Ockham, en el que los universales ya no se consideraban esencias o ideas preexistentes, sino tan solo denominaciones convencionales y nombres para un grupo de cosas, pudo también concebirse solo de forma voluntarista, es decir, como la expresión de una voluntad indeterminada, que se fabricó ulteriormente una justificación para sus actos. Lo que aquí se orla, aún, con el aura de la libertad de la voluntad, es, en realidad, la primera mirada en la instrumentalización de principio de los sistemas ideológicos religiosos, que, correspondiéndose con la adecuada interpretación y aplicación de atrocidades aún peores, se liberan de su mal cainita y pueden acuñarse como expresiones de un heroísmo agradable a Dios, que se olvida de sí mismo.

Las consecuencias de este arranque escéptico ya no pudieron ser pensadas adecuadamente dentro del sistema de valores escolástico, sin destruir su fundamento. La consecuencia fue el giro copernicano al pensamiento moderno del Renacimiento, que ya no fue la *ancilla theologiae*,[20] y por tanto el servidor de la teología, bajo el pendón espiritual de la fe, sino que se presentó bajo la secularización del Humanismo y los *studia humanitatis*.[21] Pero este Humanismo tuvo, desde el principio, una faz de Jano, y no trajo consigo sólo los rasgos nobles y transfigurados del modelo antiguo que él invocaba, sino que trajo también detrás las muecas del monstruo, que han otorgado claramente su impronta no solo al pasado, sino también a la historia moderna. Por eso, en el Humanismo del Renacimiento reside un germen para un pensamiento completa y enteramente antihumanista, para aquella perspectiva antropófuga y aquel poder prescindir filosóficamente del ser humano, del que la filosofía se apropió en los siglos siguientes, trabajosa-

20. "Sierva de la teología".
21. "Estudios humanísticos".

mente y paso a paso. Y en esa medida, esta época es, de hecho, el escenario de una revolución en la historia del espíritu, pues el pensar filosófico, que se había presentado como el enterrador de la distancia respecto del ser humano que establecía el mito, ahora comenzó a concebirse, al fin, al menos potencialmente, como su legítimo heredero.

Describamos con algo más de precisión este doble aspecto. El Renacimiento es, en primer término, rebelión y, a la vez, defensa contra el cinismo manifiesto de la imagen teocéntrica del ser humano, mediante la restauración de aquel antiguo ideal de la *humanitas*,[22] cuya formulación prototípica se dio, ante todo, en los escritos de Cicerón. Cicerón amplió, en especial, el contenido del concepto original de "humanidad", que abarcaba la razón, elocuencia y la *virtus*[23] romana, es decir, justo aquellas dimensiones que tan centrales debían ser para la imagen humana moderna:

En primer lugar "benevolencia, filantropía", algo que nosotros designaríamos como un componente esencial de la "humanidad"; pero también "una formación amplia, general" y, como consecuencia de ella, "un sentimiento refinado para el decoro y la costumbre", correspondiéndose este último, quizás, a nuestras palabras "nobleza de corazón" o "discreción". (Rüdiger 1966: 28)

El humanismo renacentista aparece aquí, al mismo tiempo, como intento de reanimación del antropocentrismo clásico y como un conocimiento educativo, que aseguraba el prestigio social y, en el marco de su implementación literaria, también gloria póstuma (una motivación que, por aquel entonces, no resultaba en absoluto sospechosa). Bajo este último aspecto, se deja plantear una directa conexión entre Lactancio, el "Cicerón cristiano" (ca. 250-317), que, como educador de príncipes, buscó asegurar en la corte de Constantino la antigua herencia, en el marco de la apologética cristiana, y que no distinguía todavía al ser humano del animal por su imagen divina, sino por su razón:

22. "Humanidad".
23. "Virtud".

El hombre, en fin, aunque posee una constitución corporal insignificante, fuerzas débiles, una salud endeble, sin embargo, como posee esta grandeza [*i. e.* la razón], está mejor dispuesto y más magníficamente constituido que los demás seres vivos. Pues, aunque él llega al mundo como un ser quebradizo y endeble, está seguro ante los animales, mientras que otros seres vivos más fuertes, y que soportan las inclemencias del tiempo sin gran perjuicio, no están, sin embargo, seguros ante los seres humanos. De manera, pues, que la razón protege a los seres humanos más que la naturaleza a los animales. (Vorländer 1967 II: 170)

…y aquel bien conocido manifiesto del Humanismo moderno, el tratado *De dignitate hominis*, escrito por Giovanni Pico della Mirandola en 1496. También en Pico se explica la constitución carencial del monstruo y el subrogado del instinto –es decir, la racionalidad–, como el más alto regalo del Creador, aunque el antiguo sentimiento de desplazamiento mítico solo se logra ocultar con gran esfuerzo;[24] Pico escribe:

24. Según Pico della Mirandola, el ser humano, en asombrosa proximidad a la representación placentaria del mito, o en todo caso de un "pensamiento divino", es algo adicional, que no encaja ya, ni se adapta propiamente, a la armonía de la Creación; no es un "suplente", sino un lujo que se ha permitido el Demiurgo, después de haber hecho su trabajo: "Ya el sumo Padre, Dios arquitecto, había construido con leyes de arcana sabiduría esta mansión mundana que vemos, augustísimo templo de la divinidad; había embellecido la región supraceleste con inteligencia, avivado los etéreos globos con almas eternas, poblado con una turba de animales de toda especie las partes viles y fermentantes del mundo inferior, pero consumada la obra, deseaba el Artífice que hubiese alguien que comprendiera la razón de una obra tan grande, amara su belleza y admirara la vastedad inmensa. Por ello, cumplido ya todo (como Moisés y Timeo lo testimonian) pensó por último en producir al hombre. Entre los arquetipos, sin embargo, no quedaba ninguno sobre el cual modelar la nueva criatura, ni ninguno de los tesoros para conceder en herencia al nuevo hijo, ni sitio alguno en todo el mundo en donde residiese este contemplador del universo. Todo estaba distribuido y lleno en los sumos, en los medios y en los ínfimos grados". (Pico della Mirandola 1968: 28 y ss.) [Giovanni Pico della Mirandola: *Discurso sobre la dignidad del hombre*. Ed. de Carlos Llano Cifuentes, UNAM, 2004, pp. 12-13]. (NUH)

Estableció por lo tanto el óptimo artífice que aquel a quien no podía dotar de nada propio le fuese común todo cuanto le había sido dado separadamente a los otros. [...] Las bestias, en el momento mismo en el que nacen, sacan consigo del vientre materno, como dice Lucilio, todo lo que tendrán después. [...]. Al hombre, desde su nacimiento, el Padre le confirió gérmenes de toda especie y gérmenes de toda vida y, según como cada hombre los haya cultivado, madurarán en él y le darán sus frutos. Si fueran vegetales, será planta; si sensibles, será bestia; si racionales, se elevará a animal celeste; si intelectuales, será ángel o hijo de Dios y, si no contento con la suerte de ninguna criatura, se replegará en el centro de su unidad, transformado en un espíritu a solas con Dios en la solitaria oscuridad del Padre –él, que fue colocado sobre todas las cosas– y las sobrepujará a todas. ¿Quién no admirará a este camaleón nuestro? (Pico della Mirandola 1968: 30 y ss.)[25]

La imagen del camaleón tiene hoy en día un rasgo difamatorio, mientras que en la época de Pico sugería exotismo; pero incluso así, es muy instructiva. Pues el punto de vista es la maleabilidad casi universal de ser humano, que habría de fundamentar su perfectibilidad, pero que, en cambio, también podría ser utilizada, naturalmente, por detrás del rostro de una antigua humanidad y piedad humana, para mostrar la cabeza de Gorgona que posee la especie en su autoexpresión histórica y política.

Así, el escepticismo de los nominalistas escolásticos frente a las pautas de sentido absolutas se radicaliza en algunos de los representantes de la filosofía del Renacimiento, al lanzar una mirada cada vez más desilusionada detrás de la máscara humana helenístico-romana, restaurada por sus contemporáneos, con un profundo terror devorador, que ya no huye de la filosofía.

Los tres pensadores epónimos de la modernidad temprana, que formulan esta distancia respecto del antropocentrismo neoclásico –aunque en grados muy diversos– son el archihumanista y crítico de la Iglesia Erasmo de Rotterdam, el secretario de la cancillería, diplomado e historiógrafo caído en desgracia Nicolás Maquiavelo, así como el aristócrata y posterior alcalde de Burdeos, Michel Eyquem de Montaigne.

25. *Ibid.*, pp. 14-15.

Donde más claramente preformado y concentrado se encuentra aquello que, como reflexión antropófuga, llegará a ser por primera vez consciente de sí misma en la Ilustración francesa, es sin duda en Maquiavelo, cuya filosofía del Estado amoral no se basa en ilusiones humanísticas, sino en la fría racionalidad de los cálculos de poder. Su tratado *Il príncipe*, acabado como manuscrito en 1513, pero publicado de forma impresa sólo unos veinte años más tarde, es un aleccionador catálogo de estrategias de poder y técnicas de usurpación, en el que, con indiferencia ético-moral, se van declinando las posibilidades de adquirir el principado –mediante herencia, mediante las armas y méritos propios, mediante las armas ajenas y la suerte, mediante el crimen–, hasta que Maquiavelo destaca el papel central de la violencia:

Un príncipe no debe tener otro objetivo, ni otra preocupación, ni considerar cosa alguna como su arte, excepto la guerra y su orden y disciplina; porque este es un arte que compete exclusivamente a quien manda; y comporta tanta virtud que no solo mantiene en su lugar a quienes han nacido príncipes, sino que muchas veces eleva a este rango a ciudadanos particulares; y al contrario, podemos ver que cuando los príncipes han pensado más en los refinamientos que en las armas, han perdido su estado". (Maquiavelo 1969: 91 y ss.)[26]

La moralidad y la humanidad están solo en su lugar allí donde permiten estabilizar el poder, es decir, son magnitudes instrumentales y ligadas a la situación, y no han de concebirse como una ley categórica de las costumbres, que tuviese siempre las mismas consecuencias. Por eso, lo que garantiza la supervivencia del señor no es su "carácter" ni su integridad moral, sino la extrema flexibilidad en sus papeles, el permanente oscilar, adecuado a cada situación, entre el ser humano y el monstruo; pues lo que la experiencia enseña, según Maquiavelo es que:

26. Nicolás Maquiavelo: *El príncipe*. Ed. bilingüe de G. Inglese y H. Puigdoménech, Tecnos, Madrid, 2015, pp. 137-139.

Aquellos que han tenido muy poco en cuenta la palabra dada y han sabido burlar con astucia el ingenio de los hombres, han hecho grandes cosas superando al final a aquellos que se han basado en la lealtad. Debéis, pues, saber que hay dos modos de combatir: uno con las leyes; el otro con la fuerza; el primero es propio de los hombres, el segundo de las bestias; pero, puesto que el primero muchas veces no basta, conviene recurrir al segundo. Por lo tanto es necesario que un príncipe sepa actuar según convenga, como bestia y como hombre". (*ibid.*, 103 y ss.)[27]

La posteridad ha difamado y calumniado a Maquiavelo, viendo en él la figura de la razón de Estado y de una antropología clarividente, revestida del pragmatismo característico de la "política real", porque él vació, de manera inconfundible e inequívoca, la afirmación de la protección de la gracia divina y la hidalguía del que detenta el poder, y con ello produjo, además, una contracorriente subversiva y anti-humanista, en relación con el optimismo del Renacimiento, poniendo así en el mundo un parásito ideológico, que anidó en él y a la larga supo mostrarse superior a su anfitrión en robustez y longevidad.

Afirmar que entre este hijo "fallido" del Humanismo y un contemporáneo unos cuatro años mayor –que los léxicos al uso identifican, por lo regular, como uno de los más significativos humanistas–, existe el parentesco espiritual que media entre los heterodoxos, puede dar a primera vista una sensación abstrusa o curiosa, pero al menos para un escrito de Erasmo, su *Laus stultitiae* [*Elogio de la locura*], dedicado a Thomas Moro, dicha afirmación encuentra un *fundamentum in re*.[28] Lo que Maquiavelo propaga –a menudo, sin consideración y con el resentimiento del exiliado de la vida política activa–, en lo que se refiere a conocimientos sobre las estructuras del poder y sus víctimas, o sobre la impotencia de la razón y de las directivas éticas, es lo que formula Erasmo ya en 1509, con un humor casi nunca hiriente y una ironía finamente cincelada por una resignación extremadamente culta y consciente de la historia, en su sátira, sobre cuyo objetivo escribe a Moro:

27. *Ibid.*, p. 169.
28. "Una base en la realidad".

Pues, en resumidas cuentas, ¿qué clase de injusticia es esta de que, cuando a todos los estamentos de la vida se les concede sus diversiones, no se permita absolutamente ninguna diversión a los estudiosos, sobre todo si sus naderías comportan elementos serios y si los temas placenteros están tratados de tal modo que un lector con olfato fino pueda obtener bastante más fruto de ellos que de los severos y esplendorosos argumentos de algunos escritores? (Erasmo 1962: 9)[29]

Originalmente, esto supone para el *Elogio de la locura* de Erasmo ganar la misma distancia respecto del ser humano que distingue al *Príncipe* de Maquiavelo; lo único que resulta diferente, debido a la disparidad de temperamentos, es la elaboración subjetiva de la vivencia filosófica de la excentricidad, del sorprendente conocimiento de que se puede pensar como si no se perteneciese a la especie sobre la que se reflexiona. Mientras Maquiavelo desarrolla una cínica tecnología del poder, que tiene en cuenta las costumbres vitales y las maneras de comportarse del monstruo, al que se tiene de nuevo ante la vista, Erasmo intenta escapar de esta consecuencia mediante un himno irónico sobre la sinrazón, que nos tapa piadosamente los ojos ante la desgracia que nos acompaña. La mirada fascinada de Maquiavelo, que también supone un quedarse petrificado ante la cabeza de la Gorgona de su semejante, la sortea Erasmo mediante un sistema de espejos y refracciones filosóficas, que le permite –igual que hizo Perseo con su pulido escudo– contemplar a la Medusa, al monstruo, sin "quedar petrificado", es decir, sin tener que abjurar de sus convicciones humanistas:

Si alguien pudiera observar el panorama desde un elevado mirador, [...] vería a qué calamidades está sometida la vida de los hombres. ¡Qué penoso y sórdido es su nacimiento, qué trabajosa su crianza, a qué ofensas está expuesta su infancia, a qué fatigas está abocada su juventud, qué vejez tan pesada, qué muerte dura e inevitable! Su vida está llena de enjambres de enfermedades, la amenazan numerosos golpes de suerte, de modo que en

29. Erasmo de Rotterdam: *Elogio de la locura*. Traducción de Oliveri Nortes Valls, Gredos/RBA, Barcelona, 2014, p.147.

ningún aspecto tiene nada que no esté amenazado por una considerable dosis de hiel. Todo esto sin mencionar esos males que los hombres se infligen entre sí, género al que pertenecen la pobreza, la cárcel, el deshonor, la vergüenza, tormentos, insidias, traición, villanías, luchas, fraudes. Pero... ¡parece que yo esté queriendo *contar las arenas del mar*! [...] Vais viendo [...] qué ocurriría, si la sabiduría estuviese extendida entre todos los hombres: habría necesidad, evidentemente, de nuevo barro y de un nuevo alfarero Prometeo. Pero yo, en parte por ignorancia, en parte por irreflexión, algunas veces por el olvido de los males, otras por esperanza de buenos sucesos y, en ocasiones, espolvoreando una pizca de dulces placeres, les sirvo de socorro entre tan grandes males, de modo que no les gusta dejar la vida siquiera, cuando, agotado ya el hilo de las Parcas, la propia vida los abandona sin dilación. Cuanto menos motivo tienen para permanecer en la vida, tanto más les place vivir: ¡tan lejos están de verse afectados por el tedio de la vida! (*ibid.*: 47 y ss.)[30]

Esta mezcla, muy peculiar, de la mirada más perspicaz sobre la "*condition humaine*"[31] y un deliberado autoengaño, doblemente paradójico por su esclarecimiento, por medio del cual el humanismo de Erasmo tiene bajo control los impulsos de una huida filosófica del ser humano, era inestable y explosiva y, desde luego, solo posible por un breve instante histórico. Su intento de mantener un preclaro balance entre la contracorriente antropófuga del Renacimiento y el resucitado ideal clásico de la humanidad tuvo que fracasar, cuando en 1520 llegó a su fin el episodio de relativa calma en Europa, y la nueva erupción de violencia y horror que supusieron las guerras del campesinado y de religión corroyó ese medio de armonización que era la ironía erasmiana.

Con este trasfondo, en lugar de la creencia en la existencia de algo inconmoviblemente bueno en el ser humano, se abrió paso en el humanismo tardío la sospecha de que el ser humano había recibido de la naturaleza misma algo así como un instinto de inhumanidad, por lo que, en base a sus

30. *Ibid.*, pp. 181-182.
31. "Condición humana".

permanentes esfuerzos para manifestar este instinto, sería muy conveniente renunciar al rango regio que la imaginación humana nos adjudica ante todas las demás criaturas. Quien plasmó todo esto sobre el papel, fue Michel de Montaigne, asentado en la tranquilidad de sus posesiones como miembro de un particular estamento intermedio entre la nobleza feudal y la alta clase burguesa, después de haber ejercido cargos públicos como consejero parlamentario y emisario, y después de los disturbios de la guerra civil entre católicos y hugonotes (Noche de San Bartolomé, 1572). Sus *Ensayos* (1580), tan trascendentales en la historia de las ideas, son el producto de un pensamiento completamente escéptico.

La confianza de Montaigne en el ideal individualizado y humanizado del hombre del Renacimiento se quiebra, no solo porque esa confianza, como les sucedió a los representantes del escepticismo griego y romano, tenía que terminarse con la irrupción y eclosión de la barbarie, sino porque él, al mismo tiempo, conocía el etnocentrismo y la dependencia de esta imagen del ser humano de las tradiciones del espacio cultural occidental, con lo que estaba obligado a renunciar a su pretensión de ser absoluta. ¿Dónde está el criterio –pregunta Montaigne– que nos permitiría considerar nuestras normas de comportamiento y nuestros usos como más nobles y civilizatorios que los de otros círculos culturales? ¿No existe, más bien, un gradiente moral, donde nosotros con una sobrevaloración grotesca, nos imaginamos situados muy por encima de los "primitivos" y "salvajes"? La respuesta la da en su ensayo "Sobre los caníbales", donde, después de describir el asesinato y la ingesta del enemigo prisionero, Montaigne prosigue diciendo:

A mí me enoja tanto el que no veamos el bárbaro horror de semejantes suplicios, como que, juzgando tan bien las ajenas faltas, seamos tan ciegos a las nuestras. Hallo más barbarie en martirizar a un hombre vivo que en comerlo muerto. Y nosotros sabemos, no solo por haberlo leído, sino visto hace poco (y no entre enemigos antiguos, sino entre vecinos y conciudadanos y so pretexto, para colmo, de piedad y religión), que aquí se ha estado desgarrando a veces, con muchas torturas, un cuerpo lleno de vida, asándolo a fuego lento y entregándolo a los mordiscos y desgarros de canes y puercos. Esto es más bárbaro que asar y comer a un hombre ya difunto. [...] Podemos, pues, llamar bárbaros a aquellos pueblos respecto a la razón, pero no respecto a nosotros, que los superamos en toda suerte de barbarie. (*ibid.*, 112 y ss.)[32]

En Montaigne el lugar de huida y el último residuo de una auténtica humanidad no es ya un determinado ideal cultural, sino una razón abstracta, que desconfía precisamente de tal ídolo, pero que, propiamente, solo vale para lo que hoy en día se llama "crítica de la ideología" y, por tanto, para hacer evidente un aura inauténtica, una falsa apariencia, la cual, carente ella misma de un relleno sustancial, no puede desarrollar ya ningún principio ni modelo rector.

Este nuevo pensar problemático, que recibe un fuerte impulso también por parte de la investigación científico-natural, lo conduce el Lord Canciller Francis Bacon, degradado por soborno, al formato de un concepto metodológico, en su *Novum Organum* (1620). Según Bacon, la tarea de una racionalidad empírica e inductiva es la eliminación de incontables prejuicios y errores, que bloquean el progreso del conocimiento, y que en su doctrina de los ídolos él divide en cuatro grupos: los *idola tribus, idola specus, idola fori* e *idola theatri*.[33] Especialmente interesantes son los de la primera y la última categorías, pues los *idola tribus*, es decir, los prejuicios que son comunes a todo el género humano, indican un pensar antropomórfico y antropocéntrico, que argumenta con los antiguos sofistas "*ex analogía hominis*";[34] y los *idola theatri* designan los errores de la filosofía misma, con lo que Bacon se vuelve contra una asunción acrítica y carente de pruebas de las tradiciones del pensamiento y, con ello, contra los aspectos imitativo-epigonales del Renacimiento mismo.

---

32. Montaigne: *Ensayos completos*. Traducción de Juan G. de Luaces, Orbis, Barcelona, 1985, Vol. I. pp. 156-157.
33. "Ídolos de la tribu, ídolos de la caverna, ídolos del foro, ídolos del teatro".
34. "Por analogía con el ser humano".

VI

Pero para que la filosofía moderna del ser humano abriese finalmente los ojos y asumiese al *animal rationale*, la *res cogitans*[35] de Descartes, con una mirada desprejuiciada, ya no meramente narcisista y enturbiada por el humanismo, no fueron motivo, ni impulso suficiente, ni Bacon ni Maquiavelo ni Montaigne. Para ello se necesitó algo más que la *skepsis* y la crítica de la ciencia, a saber: un ejemplo práctico [*Anschauungsunterricht*]. La lección necesaria sobre sí mismo y sus posibilidades, la impartió el monstruo desde 1618 a 1648, en aquel baño de sangre que no parecía querer acabar nunca, y que una crónica histórica olvidadiza ha pasado por alto con la etiqueta, que no quiere decir nada, de la "Guerra de los Treinta Años".

La vivencia, muy realista y colectiva, del asesinato organizado de los pueblos, por parte de una maquinaria militar desbocada y enloquecida, desencadenó en la filosofía un shock traumático, al que solo se pudieron encontrar dos respuestas: la supercompensación metafísica o el doloroso intento de la Ilustración. El primer camino lo recorrieron Descartes o Spinoza –quienes imitando inconscientemente la mentalidad de la soldadesca, incluyeron la compasión y el remordimiento entre los vicios–, y más tarde, Leibniz. Sus gigantescos sistemas son, al mismo tiempo, refugios especulativos y castillos palaciegos. Refugios especulativos, porque permiten la retirada desde la desatinada e inefable realidad; castillos palaciegos, porque contra la rabia bestial, ayudan a entronizar, más allá de las murallas y trincheras metafísicas, una razón inmaculada, que ha de ser capaz de conocer lo absoluto y el ser, y corteja de forma absoluta los derechos de la sustancia, de sus atributos, modos y accidentes.

Mientras Hobbes, en su filosofía del Estado y de la sociedad, proyectaba el correr de los tiempos allí donde debían ser propiamente situados, a saber: en un espacio prehistórico y presocial, en el que dominaba la lucha de todos contra todos y el hombre había sido un lobo para el hombre, aclarando también con ello, indirectamente, las profundidades del choque civilizatorio

---

35. "Animal racional" y "sustancia pensante", respectivamente.

acaecido durante la Guerra Civil Inglesa, Leibniz –que había nacido en Leipzig dos años antes de la firma de la Paz de Westfalia, y para quien en sus primeros viajes debían haber sido el escenario cotidiano las ruinas y los campos de escombros, los lisiados e inválidos– alzó el vuelo hasta la Teodicea, es decir, la justificación del mundo existente como el mejor de todos los posibles, y produjo con ello un desmesurado trabajo de represión cultural, que, de no ostentar las grandiosas proporciones de la monadología leibniziana, se estaría inclinado a asignarlo al ámbito de la pérdida de realidad patológica.

Leibniz explica la calamidad como una ilusión óptica, un fantasma que surge por falta de información. Todo lo que es, sea como sea, existe para lo mejor y en una perfecta armonía querida por Dios, pues "no hay nada inculto, ni estéril, ni muerto en el universo, no hay caos, no hay confusión sino en apariencia" (Leibniz 1959: 59).[36] La virtud filosófica más elevada es, por eso, un áspero quietismo, que se humilla con la certeza de que:

En virtud del orden perfecto establecido en el universo todo está hecho del mejor modo posible, tanto para el bien general como también para el mayor bien particular de aquellos que están convencidos y contentos del divino gobierno, lo cual no podría faltar en quienes saben amar la fuente de todo bien. (*ibid.*: 69)[37]

En este sentido, el sistema de Leibniz es inequívocamente devoto, y este no fue uno de los menores motivos de la insólita popularidad de la que gozó en los círculos cortesanos absolutistas. Él retocó la imagen, gravemente dañada, del ser humano que tenía su época, con rendida devoción frente a Dios y sus príncipes; solo que, como la imagen ideal prometeica del Renacimiento, a pesar de todos los esfuerzos, no quería ya ajustarse, la figura restaurada permaneció torcida, sumisa, necesitada de la preestabiliza-

---

36. G. W. Leibniz: *Monadología*, en: *Escritos filosóficos*. Ed. de Ezequiel de Olaso, Antonio Machado Libros, Madrid, 2003, § 69, p. 707.
37. G. W. Leibniz: *Principios de la naturaleza y de la gracia fundados en razón*, en: *Escritos filosóficos, op. cit.*, § 18, p. 690.

ción, y solo su apurada identificación especulativa con el Señor mundano y celestial permite olvidar que su fisionomía, en el fondo, siempre es aún la de alguien desfigurado por un golpe de pica, un siervo de la gleba que mendiga una limosna.

Porque estando hecho todo para un fin, todo está hecho necesariamente para el mejor fin. Observad que las narices han sido hechas para llevar antiparras, por eso tenemos antiparras. Las piernas están visiblemente instituidas para ser calzadas, y por eso tenemos calzas. Las piedras han sido formadas para ser talladas, y para hacer castillos con ellas, por eso monseñor tiene un bellísimo castillo [...]; y, estando hechos los cerdos para ser comidos, nosotros comemos puerco todo el año. Por consiguiente, quienes han enunciado que todo está bien, han dicho una tontería; había que decir que todo está lo mejor posible. (Voltaire 1972: 11)[38]

Este revelador compendio de la doctrina leibniziana, que subraya su voluntad de congraciarse y su acuerdo antropocéntrico, procede del burlón Voltaire, quien en su *Cándido, o del optimismo* (1759), la pone en boca del preceptor Pangloss, ducho en metafísica, teología y cosmología. Pangloss padece de ceguera metafísica y, a pesar del sufrimiento experimentado en sus propias carnes, no quiere poner en cuestión ni una sola vez el sentido de su sistema. A la pregunta de Cándido de si él, a la vista de los dolores infligidos y de las injusticias padecidas, no se ha planteado ninguna duda sobre si vive en el mejor de los mundos posibles, responde:

Sigo con mi primera idea [...] porque en última instancia soy filósofo; no me conviene desdecirme, ya que Leibniz no puede haberse equivocado, y, además, porque la armonía preestablecida es la cosa más hermosa del mundo, igual que lo son lo pleno y la materia sutil. (*ibid.*, 173 y ss.)[39]

---

38. Voltaire: *Cándido, o el optimismo*, en: *Opúsculos. Cuentos*, Gredos / RBA, Madrid, 2014, pp. 200-201.
39. *Ibid.*, p. 280.

La burlesca comicidad y vitalidad, con la que se argumenta en el *Cándido* se ha mostrado letal para la pedantesca precisión y matemática rigidez de la construcción leibniziana, porque descubrió su carácter de espantajo y su *pathos* hueco. (Por lo demás y siendo piadoso, apenas quiere uno imaginarse qué habría pasado si el espíritu del mundo hegeliano estuviese hoy presente, y se hubiese encontrado un comentador volteriano para la *Fenomenología* y la *Enciclopedia*). A pesar de las incipientes medidas represivas y esfuerzos de censura que enseguida se dispusieron –en Ginebra, el libro fue quemado públicamente; en París, fue prohibido y el Vaticano lo puso en el *Índice* en 1762–, el *Cándido* puso de manifiesto para la ciudadanía instruida, de forma inequívoca, el fracaso de la intentona de racionalizar y escamotear al monstruo, después de las aniquilaciones de masas acaecidas en la primera mitad del siglo XVII.

VII

Suena la hora de la Ilustración o – como Kant lo formularía más tarde– de la "*salida del hombre de su autoculpable minoría de edad*",[40] minoría de edad que se puso de manifiesto a través de una imagen de sí mismo henchida de especulación y completamente alejada de la realidad. Detrás de las pantallas de proyección y de los biombos [*spanischen Wänden*] de lo querido por Dios, de la Sabiduría superior, del humillado soportar, que ahora rodeaban los campos de batalla y los lugares de ejecución, la realidad debía de nuevo ser trabajosamente expuesta, y descrita de forma palpable, libre y desprejuiciada, pues la penetrante mirada de aquel abate Jean Meslier (1648-1729), olvidado por largo tiempo, no siempre fue la característica, incluso del gran "*siècle des lumières*".[41] Meslier, que durante cuarenta años ocupó un puesto de párroco no lejos de Sedán –aquel lugar en el que, doscientos años más tarde, hubo de confirmarse del modo más horroroso su apreciación del ser humano–,[42] era por igual un ateísta, un materialista y un anarquista convencido, y en su *Memoria* no deseaba nada con más ardor "*que todos los poderosos y los nobles de la Tierra fueran colgados y ahorcados con las tripas de los curas*" (Meslier 1976: 74);[43] pero, al mismo tiempo, se había convencido, por experiencia histórica, de que el reino de la libertad nunca se haría real. El odio que sentía hacia sus semejantes, hacia él mismo y hacia la mascarada de vida que se le impuso, permitía tan escasamente la glorificación idealista del ser humano como la compasión sentimental con el monstruo; lo que quedó fue solo el deseo impotente del fin, de la revocación del derecho a la existencia de esta criatura:

---

40. I. Kant: "Respuesta a la pregunta: ¿Qué es la Ilustración?", en: J. B. Erhard et. al.: *¿Qué es Ilustración?* Ed. de Agapito Maestre y José Romagosa, Tecnos, Madrid, 1993³, p. 17.
41. "Siglo de las luces".
42. Alusión a la sangrienta batalla de Sedán (1870), que puso prácticamente fin a la guerra franco-prusiana.
43. Jean Meslier: *Memoria contra la religión*. Traducción de Javier Mina. Epílogo de Julio Seoane Pinilla, Laetoli, Pamplona, 2020⁵, pp. 18-19.

He conocido tantas maldades en este mundo, que ni siquiera la virtud más perfecta o la inocencia más pura parecen encontrarse al abrigo de la malignidad de los calumniadores. He visto, como lo puede ver cualquiera a diario, a una multitud de inocentes perseguidos sin razón y oprimidos por la injusticia, sin que pudieran encontrar un protector caritativo que les socorriese y sin que nadie se conmoviese de su infortunio. Las lágrimas de tantos justos afligidos, y las miserias de tanta buena gente oprimida por los malvados ricos y por los poderosos de la Tierra, me han asqueado tanto como a Salomón y me han causado tanto desprecio por la vida que llegué a considerar, como él, más dichosa la condición de los muertos que la de los vivos, llegando a preferir a quienes no han sido nunca felices antes que a quienes lo son y gimen bajo tan grandes pecados. (*ibid.*: 62 y ss.)[44]

De tal negativa, en todo caso frente a la Iglesia y por principio, se pudo compenetrar un Voltaire, con su "*ecrasez l'infâme*",[45] pero no frente al ser humano. Pero no por esto tenía menos claramente a la vista las fechorías y los horrores: en la *Historia de los viajes de Escarmentado* (1756), se nos ofrece una vuelta al mundo como una odisea a través de un pandemonio, en el que las diferentes naciones se sobrepujan mutuamente en el más rudo desprecio hacia los seres humanos; en *Zadig* (1747), los seres humanos se le presentan al protagonista como "alimañas que se devoran mutuamente en un sucio y pequeño establo" (Voltaire 1961: 73) y en *Babuc, o el curso del mundo* (1764), se encuentra el siguiente "informe de un testigo ocular" de aquellas matanzas que, según el criterio de la doctrina leibniziano-wolffiana, fueron cometidas partiendo de la inescrutable decisión de Dios, con el fin de asegurar la armonía universal:

Vio oficiales muertos por sus propias tropas; vio soldados que acababan de degollar a sus camaradas moribundos para arrancarles unos pocos andrajos llenos de sangre, desgarrados y cubiertos de fango. Entró en los hospitales adonde trasladaban a los heridos, que en su mayoría expiraban por la negli-

---

44. *Ibid.*, pp.10-11.
45. "Aplastad al infame".

gencia inhumana de los mismos a quienes el rey de Persia pagaba precios altísimos para que los socorriesen. "¿Son hombres estos, exclamó Babuc, o bestias feroces?" (*ibid.*: 9)[46]

Pero, al mismo tiempo, Voltaire supo protegerse del odio y de la profunda consternación existencial de un Meslier con la droga de la burla y la ironía, cuyo maravilloso efecto reconciliador ya reconocimos en Erasmo. El efecto es alucinógeno: en vez del suave enfoque metafísico, ella produce alivio, mediante la ventaja de una especie de ubicación olímpica, desde la cual los dos gigantescos viajeros de Sirio y Saturno, en *Micromegas* (1752), prorrumpen en una risa homérica, cuando un tomista al que solo son capaces de reconocer por medio de una lupa, les intenta convencer de que todo el universo ha sido creado para el hombre. Esta salvaguarda le garantiza diversión al lector, incluso cuando afronta verdades tan amargas como la comprensión de que...

Cien mil locos de nuestra especie, cubiertos con sombreros, [...] matan a otros cien mil animales cubiertos con turbantes, o que son matados por estos, y por casi toda la tierra se hace así desde tiempo inmemorial [...]; [y la disputa se debe] a algunos montones de barro del tamaño de vuestro talón. No es que ninguno de esos millones de hombres que se hacen degollar pretenda un comino sobre esos montones de barro. Solo se trata de saber si pertenecerá a cierto hombre que se llama Sultán, o a otro que se llama, no sé por qué, César. Ninguno de estos dos ha visto ni verá nunca el pequeño rincón de la tierra de que se trata, y casi ninguno de esos animales que se degüellan mutuamente ha visto nunca al animal por el que se degüellan. (*ibid.*: 151)[47]

Es probable que esto de lo que aquí se trata tan ligera y frívolamente sea simple humor negro, trabajosamente recortado, y quizás nuestra forma de

---

46. Voltaire: *Así va el mundo. Visión de Babuc, escrita por él mismo*, en: *Opúsculos. Cuentos*, Gredos/RBA, Madrid, 2014, pp. 112-113.
47. Voltaire: *Micromegas. Historia filosófica*, *ibid.*, pp. 106-107.

considerarlo hace poca justicia a Voltaire. Lo que es seguro, en todo caso, es que él se ve a sí mismo incapaz de dar el último paso radical, o tan solo concebirlo cuando otro lo ha realizado. "Me llena de enojo –escribe en una carta– que la filosofía se haya desviado tan lejos. Ese maldito libro titulado *Système de la nature* es un pecado contra la naturaleza".

VIII

Lo que tan vehemente rechazo provocaba en el espíritu rector de la ilustración francesa, no es, en verdad, más que una sinopsis de la época y el intento de pensar sus concepciones y teorías hasta el fin. El *Système de la nature* de Paul Henri Thiry, barón d'Holbach, aparecido de forma anónima en 1770, que en su materialismo militante puede valer como legítimo ejecutor y consumador de la *Memoria* meslierana, es, desde el punto de vista de la cuestión que aquí estamos planteando, uno de los trabajos más importantes, en general, de la modernidad.

El trabajo de d'Holbach supone el logrado paso de la frontera desde el humanismo moderno al pensamiento antropófugo, que en su lenguaje se dice "materialista", y el terminarse de la secreta simpatía homérica a favor de lo "terrenal", burlado por los dioses, a favor, precisamente, de aquella visión fija, afectivamente neutral, "orbital", que se esbozó en la introducción. Después de innumerables intentos, desde la antigua Stoa, aquí tiene por vez primera éxito, sin cortapisas, el propósito de la especie de verse a sí misma sin límites, sin un autoengaño antropocéntrico o geocéntrico, sin el sublimado especulativo del amor propio y de la autoalabanza, sin el gabinete de espejos de la historiografía de los vencedores y de la filosofía de los tributarios. D'Holbach reconoce la autorreferencia y el autoengaño, crecidos naturalmente, a los que debe la especie su supervivencia y su progreso evolutivo:

El hombre se coloca necesariamente en el centro de la Naturaleza entera; no puede, en efecto, juzgar las cosas más que según cómo es afectado el mismo; no puede amar más que lo que encuentra favorable a su ser; odia y teme necesariamente todo lo que le hace sufrir; en fin, como se ha visto, llama desorden a todo lo que perturba su máquina y cree que todo está en orden en cuanto no siente nada que no convenga a su modo de existir. Por una consecuencia necesaria de estas ideas, el género humano se ha persuadido de que la Naturaleza entera estaba hecha exclusivamente para él, que sólo a él tenía en cuenta en sus obras, que las causas potentes a las que esta

Naturaleza estaba subordinada no tenían como objeto más que al hombre en todos los efectos que operaban en el universo. (D'Holbach 1978: 312)[48]

Él descubre, en fin, el único camino de escape posible desde la prisión del narcisismo de la especie, a saber: el recuerdo filosófico, conservado en la conciencia mitológica primitiva, de que nosotros somos extranjeros y expulsados, que somos los parias de la creación, porque somos los únicos que sentimos que lo orgánico no es otra cosa que un gran estrangular y devorarse mutuo, un incorporar sin fin, sin sentido y sin meta:

¿Acaso no es para los cuervos, las bestias feroces y los gusanos para los que el conquistador parece librar sus combates? Los pretendidos favoritos de la Providencia ¿acaso no mueren para servir de pasto a miles de insectos despreciables de los que esta Providencia parece ocuparse más que de ellos? El alción, divertido por la tempestad, juega sobre el agitado oleaje, mientras que sobre los restos de su rota nave el marinero alza al cielo sus manos temblorosas. Vemos a los seres en una guerra perpetua, viviendo unos a costa de otros y aprovechándose de los infortunios que los asolan y los destruyen recíprocamente. La Naturaleza considerada en su conjunto nos muestra a todos los seres alternativamente sujetos al placer y al dolor, naciendo para morir, expuestos a vicisitudes continuas de las que ninguno de ellos está exento. La más superficial ojeada basta, pues, para desengañarnos de la idea de que el hombre es la *causa final* de la creación, el objeto constante de los trabajos de la Naturaleza. (*ibid.*: 452).[49]

Este rechazo de un concepto teleológico de la naturaleza significa, al mismo tiempo, la despedida de una pirámide del ser, cuyo base sería lo inorgánico y que es pensada como culminando en el ser humano, pasando por los grados vegetal y animal. En lugar de valer como la irrepetible e inalienable corona de la creación, el monstruo se hunde en la lucha por la

48. Barón D'Holbach. *Sistema de la naturaleza*. Ed. de José Manuel Bermudo. Editora Nacional, Madrid, 1982, p. 376.
49. *Ibid.*, p. 488.

supervivencia y la competencia de todos los seres y, finalmente, se vuelve por vez primera filosóficamente representable, en esta finitud, desde una retrospectiva ficticia, como ya no existente, como extinto y fósil:

> ¿Por qué sería absurdo o inconsecuente, entonces, imaginar que el hombre, el caballo, el pez o el pájaro ya no existirían algún día? ¿Acaso estos animales son indispensables o necesarios para la Naturaleza y no podría ésta seguir sin ellos su curso eterno? […] Soles se apagan y se enfrían, planetas perecen y se desperdigan en las regiones del aire; otros soles se encienden y nuevos planetas se forman y trazan nuevas rutas o revoluciones. El hombre, porción infinitamente pequeña del globo terráqueo, que no es más que un punto imperceptible en la inmensidad, cree que el universo está hecho para él y se imagina que debe ser el confidente de la Naturaleza. Se jacta de ser eterno. ¡Se dice el Rey del universo! (*ibid.* p. 80)[50]

Este enfoque antropófugo y el reconocimiento darwinista de d'Holbach, evaluando de forma anticipatoria al monstruo como "flor de un día" (*ib.*), superable por la historia natural, es, a pesar de los trabajos previamente descritos, un remarcable logro pionero, inmarcesible en la historia de la filosofía, porque sustituyó la razón como un medio de glorificación y autoengaño, por una nueva y autocrítica comprensión, la cual, junto con su falibilidad, también era ahora capaz de admitir su propia mortalidad y de renunciar a la arrogancia de pretender participar de la omnisciencia divina, o de una sustancia espiritual eterna.

Mientras que en la periferia cultural, recluido en la localidad prusiana oriental de Königsberg, Immanuel Kant con su *Crítica de la razón pura* (1781), en completa sintonía con el escepticismo d'holbachiano, señalaba los límites del conocimiento posible y externalizaba, sin remedio, las proposiciones metafísicas, remitiéndolas al ámbito de la fe o de lo irremediablemente aporético, entre los ilustrados franceses se llegó, repetidamente incluso, a intentar debilitar el desengaño [*Desilusionismus*] del *Sistema de la*

---

50. *Ibid.*, pp. 171-172.

naturaleza, o despacharlo como exagerado y fallido. Se construyó, en este contexto, como hace Condorcet en su *Tableau historique des progres de l'esprit humain* (1794), una metafísica secular del progreso infinito o, como hace Rousseau, una especie de copia invertida del mismo, una civilización arrepentida, para así salvar el destilado de la conciencia judeocristiana de ser elegido y sus esperanzas de salvación, a fin de asegurarse la posición especial del ser humano en el cosmos, que tan tozudamente negaba d'Holbach.

Esta "ilustración" no había crecido de la Ilustración. En lugar de pensar en la excentricidad ontológica del monstruo, partiendo de sus continuos y catastróficos fracasos, el revisionismo antropocéntrico, en su desesperado autoengaño, ve acercarse la aurora de una nueva época y se apresura a equipar al moderno Prometeo burgués del *tiers état*[51] con las destacadas virtudes, adecuadas a él, de la libertad, igualdad y fraternidad. Y viene lo que tiene que venir. El monstruo concibe al instante que de ahora en adelante debe rabiar, saquear y asesinar, no ya por Dios y por la Patria, sino bajo los estandartes de los derechos humanos y, bajo el perdón general que ofrecen los ideales más elevados, levanta rápidamente la tricolor, va diezmando con la mejor de las conciencias a sus compatriotas, y poco después, conducido por un enano corso, procede a la devastación de toda Europa.

El patriotismo guillotinador y la justicia guillotinesca de la Revolución Francesa habría debido poner ante la vista, por fin, con énfasis inconfundible −eso nos gustaría creer−, el anacronismo de la especulación humanista y filantrópica, la necesidad de asumir las tesis d'holbachianas y la desiderata de una antropología de la distancia; pero, lejos de eso, la disposición a aprender de la filosofía se mostró nuevamente como superada, igual que sucedió después de la invasión de los germanos, de los excesos de la Edad Media y de las atrocidades de la Guerra de los Treinta Años. Creyendo haber tenido ante los ojos lo mejor de la humanidad y haber desarrollado la receta de las patentes de la emancipación, se redactaron las *Cartas para el progreso de la humanidad*.[52] No obstante, ante la perversión práctica de estos

51. "Tercer estado".
52. J. G. Herder: *Briefe zur Beförderung der Humanität*, Riga (Hartknoch), 1793-1797.

folletos y máximas tan claros, se produjo la retirada enfurruñada al rincón filosófico, sin querer reconocer que el humanismo ilustrado había fracasado con su falible imagen del ser humano. La teoría era pura e inmaculada, y si ella estaba manchada por algunos individuos impulsivos, que la habían empleado como tapadera para sus malvadas fechorías, había que excluirlos en el futuro de los bajos fondos del trasiego político. Como consecuencia de la política de conquista napoleónica y las guerras de liberación que la acompañaron, todo se hizo pedazos y, más tarde, la restauración de Metternich, con los acuerdos de Karlsbad y la persecución de los demagogos para cuidar del reposo en las ruinas, se obtuvieron los murmullos de un Schelling sobre el fundamento originario y el despliegue polar de la naturaleza, mientras Hegel, en diálogo con el espíritu del mundo, desprovisto de toda experiencia empírica, mantenía que la historia del mundo es un progreso hacia la libertad, y un Wilhelm von Humboldt o un Friedrich Schleiermacher predicaban, sin más consideraciones, sobre la "coincidencia" real entre la humanidad y el despliegue ético de la personalidad.

IX

A pesar de todos los elogios que ha recibido por parte de la historia de la filosofía y del espíritu, el idealismo alemán y su amanerado trato con lo absoluto fue un camino equivocado carente de parangón, y sus representantes, que se imaginaban ser la culminación de la historia espiritual de Occidente y los anunciadores de las últimas verdades, han abusado de su cometido y de sus, en parte, destacadas cualidades intelectuales. Solo un excéntrico, extraño a su generación, se escapó del falso consuelo ofrecido por una filosofía basada en el juego de abalorios dialéctico y en sistemas del mundo hilados con una autoexaltación reflexiva, pagando su rechazo con la ruina de una prometedora carrera académica, pero demostrando al mismo tiempo, con tenacidad y en base a un contraproyecto genial, lo que un Fichte, un Schelling o un Hegel, habrían podido producir sin la estrella del antropocentrismo.

Hablamos de Arthur Schopenhauer, quien, en su principal obra, *El mundo como voluntad y representación*, es como si utilizase la sintaxis y la gramática filosófica, la arquitectura del idealismo especulativo, alcanzando, sin embargo, resultados ilustrados, en el sentido d'holbachiano, completamente incompatibles con aquel; ciertamente, la visión de d'Holbach con la concepción libre de contradicciones de un mundo vacío de seres humanos, queda superada al probar su conveniencia. En radical oposición, acaso, a la *Fenomenología* de Hegel, Schopenhauer basa su doctrina en la experiencia de la realidad inmediata, sin filtros, y no censurada ya por pretensiones de sentido filosóficas, es decir, sobre la percepción de un sufrimiento que se perpetúa y balancea, y que no requiere ni permite justificación alguna. En Hegel, el sufrimiento, como "consciencia desgraciada", como resultado de la "vana terquedad", como propia experiencia del "alma bella", es la sanción de un pensamiento falso, el recuerdo doloroso de la distancia que nos separa del saber absoluto, un producto residual de desarrollos históricos fallidos; a su especulación no le importa, literalmente, un comino la carne llorosa, que brama, las toneladas de carroña humana, que el espíritu del mundo deja tras de sí con cada paso adelante que da, ni tampoco los pueblos y naciones que como "instrumentos inconscientes" (Hegel 1968: 346)[53] quedan rezagados por el camino, tras su uso, y de los cuales Hegel certifica que, desde ahora, "carecen de derecho" y "ya no cuentan en la historia universal" (*ibid.*: 347).[54] La historia, como "el ara" ante la cual ha sido sacrificada la dicha de los pueblos (Hegel 1970: 35),[55] es el mero fantasma de una "censura subjetiva" (*ibid.*: 53),[56] un desvarío, que busca las cosquillas de aquellos que no se quieren dar por satisfechos en su papel de comparsas y a los cuales, por eso, se les escapa la más elevada perspectiva, según la cual:

La filosofía debe llevarnos al conocimiento de que el mundo real es tal como debe ser y de que la voluntad racional, el bien concreto, es de hecho lo más poderoso, el poder absoluto, realizándose. El verdadero bien, la divina razón universal, es también el poder de realizarse a sí mismo. Este bien, esta razón, en su representación más concreta, es Dios. Lo que llamamos Dios es el bien, no meramente como una idea en general, sino como una eficiencia. La evidencia filosófica es que sobre el poder del bien de Dios no hay ningún poder que le impida imponerse; es que Dios tiene razón siempre; es que la historia universal representa el plan de la Providencia. Dios gobierna el mundo; el contenido de su gobierno, la realización de su plan es la historia universal. Comprender esto es la tarea de la filosofía de la historia universal. [...] La filosofía quiere conocer el contenido, la realidad de la idea divina y justificar la despreciada realidad, pues la razón es la percepción de la obra divina. (*ibid.*: 53)[57]

Schopenhauer no se cansó de fustigar esta recaída en la teodicea leibniziana y el rechazo del sufrimiento en la historia, como algo "irreal" y "huero", denunciando públicamente al optimismo histórico-filosófico

---

53. G. W. F. Hegel: *Fundamentos de la filosofía del derecho*. Traducción de Carlos Díaz, Libertarias / Prodhufi, Madrid, 1993, p. 793.
54. *Ibid.*, p. 794.
55. G. W. F. Hegel: *Lecciones sobre la filosofía de la historia universal*. Traducción de José Gaos. Alianza, Madrid, 1989, p. 80.
56. *Ibid.*, p. 77.
57. *Ibid.*, p. 78.

que marcha sobre los cadáveres "no solo [como] un modo de pensar absurdo, sino auténticamente *inicuo*, un amargo escarnio sobre el anónimo sufrimiento de la humanidad" (Schopenhauer 1977 II: 408).[58] La vida, especialmente la vida humana, es un tormento, y este, que es su propiedad fundamental, no puede alejarlo ningún sistema filosófico con meras disputas:

> Y a este mundo, a esta palestra de seres atormentados y angustiados que solo subsisten al devorarse mutuamente, donde cada animal feroz es la tumba viviente de otros miles y su propia conservación una cadena de martirios, donde además con el conocimiento aumenta la capacidad para sentir dolor, que por eso alcanza su grado más alto en el hombre y es tanto más elevado cuanto más inteligente es este, a este mundo –decía– se le ha querido amoldar el sistema del *optimismo* y demostrarnos con él que se trata del mejor de los mundos posibles. El absurdo es palmario. Sin embargo, el optimista me manda abrir los ojos y mirar atentamente al mundo, para ver cuán hermoso es a la luz del sol, con sus montañas, valles, ríos, plantas, animales, etc. ¿Mas acaso es el mundo una linterna mágica? Desde luego, esas cosas son bellas de *ver*, pero *ser* una de ellas es algo muy distinto. (Schopenhauer 1966:159)[59]

Según Schopenhauer, todo lo que existe es la objetivación de una voluntad insondable y prerracional, que se debe a un compulsivo y ciego impulso vital, al loco parto de seres orgánicos, que, tan pronto ingresan en la vida, comienzan a atacarse unos a otros, precisamente para mantener, por unos instantes, esa misma vida. Y el monstruo no constituye ninguna excepción, sino que representa, más bien, un incremento en los calambres y convulsiones inmanentes a la especie, en la delirante agonía de lo vital, que se desgarra a sí mismo:

58. Arthur Schopenhauer: *El mundo como voluntad y representación*. Traducción de Roberto R. Aramayo, Círculo de Lectores / FCE, Madrid, 2003, Vol. I, § 59, p. 423.
59. *Ibid.*, Vol. II, Cap. 46, p. 563.

Si intentamos resumir de un vistazo la totalidad del mundo humano, vemos por todas partes una incesante lucha, una batalla brutal por la vida y la existencia, con el empeño de todas las fuerzas corporales y espirituales, frente a los peligros y los males que la amenazan y alcanzan a cada momento. Y si examinamos la recompensa de todo eso, la existencia y la vida mismas, encontramos algunos intervalos de existencia indolora que son enseguida atacados por el aburrimiento y a los que rápidamente pone fin una nueva necesidad. (Schopenhauer 1977 IX: 311)[60]

Con este trasfondo, atisbar un sentido o meta de la historia de la especie, es tan imposible como encontrar una fundamentación para cada existencia individual, de la que vale, en su gran mayoría, que:

Es un tenue anhelo, un difuso tormento, un onírico vagabundeo que llega hasta la muerte a través de las cuatro edades de la vida con el séquito de una hilera de pensamientos triviales. Los hombres se asemejan a relojes a los que se les ha dado cuerda y están en marcha sin saber para qué: cada vez que se engendra y nace un hombre, el reloj de la vida humana es puesto en marcha nuevamente, para repetir otra vez la misma cantinela ya entonada un sinfín de veces, frase por frase, compás por compás, con insignificantes variaciones. (Schopenhauer 1977 II: 402)[61]

Y, sin embargo, estas sombras, estos múltiplos biológicos, padecen con una sorda y horrorosa intensidad, que no puede sentir ningún otro animal, con una vehemencia que, no obstante, en aquellos que no sacrifican de buena gana sus capacidades intelectuales a los insípidos consuelos de la religión o a una cosmovisión optimista, experimenta aún un persistente incremento. Precisamente por eso, la reflexión filosófica es siempre en Schopenhauer un pensar atormentado, porque ella ilustra sobre el "error

---

60. Arthur Schopenhauer: *Parerga y paralipómena*. Traducción de Pilar López de Santa María, Trotta, Madrid, 2020, Vol. II, p. 303.
61. Arthur Schopenhauer: *El mundo como voluntad y representación, op. cit.*, Vol. I, § 58, p. 418.

innato [...] de que existimos para ser felices" (Schopenhauer 1966: 163),[62] y desvela la existencia humana como "una especie de traspiés o extravío" (Schopenhauer 1977 IX: 311), una "estafa" (*ibid.*, 325).[63]

Schopenhauer, para quien el sufrimiento ha llegado a ser el dato filosófico central y universal, en contraposición a d'Holbach, no puede darse por satisfecho solo con imaginar el crepúsculo de la humanidad, ni con su materialismo que pasa con indiferencia ante el hallazgo del perenne sufrimiento. Su punto de vista antropófugo no tiene, por eso un carácter de hipótesis sino de exigencia:

> Por consiguiente, hay que considerar la existencia como un extravío cuya redención es desistir del mismo. [...] De hecho, como fin de nuestra existencia no cabe indicar nada salvo el conocimiento de que sería mejor que no existiéramos. Pero esta es la más importante de todas las verdades y por eso hay que explicitarla, por mucho que contraste con el actual modo de pensar en Europa. (Schopenhauer 1966: 162 y ss.)[64]

Podría considerarse la proposición decisiva de que "sería mejor que no existiéramos" como un postulado apodíctico, pues Schopenhauer no quiere ya detenerse en la certeza de que el sufrimiento es el precio de la existencia, y que la no existencia –especialmente en seres capaces de comprensión, que son capaces de penetrar en la insustancialidad y lo deslumbrante del cebo de la felicidad–, ha de preferirse, en cualquier caso, a la existencia tonificada por el dolor, sino que él deduce de ello consecuencias pragmáticas, y maneras de actuar y comportase. Con respecto a sí mismo y la existencia individual, la manera de penetrar en la abigarrada bella apariencia de la vida, debe negar y quebrar el querer incesante. Como aquietador de la voluntad valen, en este sentido, la contemplación estética, la compasión hacia la vejada criatura, ya se trate de un ser humano o de un animal, y finalmente, la superación filosófica del *principium indivi-*

---

62. *Ibid.*, Vol. II, Cap. 49, p. 616.
63. *Ibid.*, Vol. II, Cap. 45, p. 552 y 46, p. 555.
64. *Ibid.*, Vol. II, Cap. 48, pp. 585-586.

duationis,[65] es decir, la reducción de la multiplicidad caleidoscópica del ente a "la cosa en sí", la ciega voluntad de vivir. El éxito de tales esfuerzos es una especie de resignación indignada [*indignierte Resignation*]; "la voluntad se aparta de la vida: ahora le estremecen sus goces, en lo que reconoce su afirmación" (Schopenhauer 1977 II: 470).[66] Se trata de una carencia de voluntad y una renuncia voluntaria, que encuentran su pleno cumplimiento en la ascesis:

Su voluntad se vuelve del revés y ya no afirma su propia esencia que se refleja en el fenómeno, sino que la niega. El fenómeno por el cual se anuncia esto es el tránsito de la virtud al *ascetismo*. Ya no le basta amar a los otros igual que a sí mismo y hacer por ellos tanto como por él mismo, sino que nace en él una aversión hacia la esencia cuya expresión es su propio fenómeno, la voluntad de vivir, el núcleo esencial de ese mundo reconocido como deplorable. Por ello reniega de esta esencia que se manifiesta en él y está expresada por su cuerpo, y su obrar desmiente ahora a su fenómeno, entrando en franca contradicción con él. Al no ser esencialmente más que un fenómeno de la voluntad, cesa de querer algo, procura que su voluntad no tenga ninguna dependencia e intenta consolidar dentro de sí la mayor indiferencia ante todas las cosas. (*ibid.*: 470 y ss.)[67]

Schopenhauer rechaza, como es sabido, lo que es, a primera vista, la implementación personal más consecuente y radical del punto de vista según el cual la no existencia es superior a una existencia llena de dolor, es decir, el suicidio, como una forma tácita de afirmación de la voluntad de vivir.[68] Es más, el suicida niega siempre al individuo, pero nunca a la espe-

65. "Principio de individuación".
66. Arthur Schopenhauer: *El mundo como voluntad y representación*, op. cit., Vol. I, § 68, p. 480.
67. *Ibid.*, Vol. I, § 68, p. 481.
68. Respecto a este tema, Schopenhauer argumenta en *El Mundo como voluntad y representación* de la siguiente manera: "Lejos de ser una negación de la voluntad, el suicidio es un fenómeno de la más fuerte afirmación de la voluntad. Pues la esencia de la negación es que no se detesta el sufrimiento, sino los goces de la vida. El suicida quie-

cie, de manera que la voluntad de vivir, "permanece incólume [como] la cosa en sí, al igual que subsiste el arcoíris por mucho que cambien las gotas que son su soporte por un instante" (*ibid*.: 493).[69] Precisamente esto prueba la irrelevancia de las decisiones personales, irrelevancia que él repite de nuevo en otro lugar, con una metáfora cósmica digna de recordarse:

La tierra da vueltas del día a la noche; el individuo muere: pero el sol brilla sin cesar en un eterno mediodía. A la voluntad de vivir le corresponde la vida con total certeza. (*ibid*.: 354)[70]

Mas de aquí toma también toda su fuerza persuasiva el ideal de la ascesis, que, a la postre no es menos vivido *individualmente*, y que se publicita como ideal alternativo al suicidio, como les sucede, en general, a todos los préstamos que toma Schopenhauer de las representaciones indias y en especial brahmánicas, como la reencarnación, el karma y la que se considera como la meta existencial: el desvanecimiento en el Nirvana, todos los cuales aparecen, más bien, como la expresión de una no reconocida perplejidad filosófica, que como un componente consecuente y orgánico de su sistema.

re la vida y solo se halla descontento de las condiciones bajo las cuales se halla. Por eso, al destruir el fenómeno individual, no renuncia en modo alguno a la voluntad de vivir, sino tan solo a la vida". (Schopenhauer 1977 II: 492) [Arthur Schopenhauer: *El mundo como voluntad y representación, op. cit.*, Vol. I, § 69, p. 501] (NUH)
69. *Ibid.*, Vol. I, § 69, p. 502.
70. *Ibid.*, Vol. I, § 54, p. 375.

X

Nadie ha visto más claramente esta irrupción de un pensamiento para el que la vida significaba un sufrimiento colectivo, que el exoficial y erudito privado Eduard von Hartmann, seguidor de Schopenhauer, en su *Filosofía de lo inconsciente* (1869), aunque para remediar tales sufrimientos solo supo proponer medios particulares completamente insuficientes, cayendo con ello en los acreditados narcóticos de la mística del Lejano Oriente…; y nadie como él se ha dado cuenta con mayor sequedad de la impotencia de una fantasía especulativa, que, en el preatómico siglo XIX permaneció simplemente abrumada ante la cuestión concreta de cómo podía ser suprimida de una forma global la sufriente existencia humana.

Hartmann comenta la representación de la redención de Schopenhauer y su concepto de la negación individual de la vida como sigue:

> Parece evidente que esta suposición es completamente inconciliable con los principios fundamentales de Schopenhauer. […] La voluntad es para él […] el ser uno y total del mundo, y el individuo solo una apariencia subjetiva. […] [Entonces] ¿cómo podría corresponderle al individuo la posibilidad de negar su voluntad individual como un todo, no solo teóricamente, sino también prácticamente, puesto que su querer individual es solamente un rayo de aquella voluntad única total? […] Por esto, la tendencia a negar la voluntad *individual* es *estúpida e inútil*, incluso más estúpida que el *suicidio*, puesto que logra lo mismo que él, solo que mucho más lentamente, y con mayor tormento, a saber: suprimir este fenómeno, pero sin alterar la esencia que, por cada fenómeno individual que se suprime, se objetiva incesantemente en nuevos individuos. (E. v. Hartmann 1913 II: 219 y ss.)[71]

Precisamente porque él asume con total seriedad de forma total y totalitaria el pesimismo schopenhaueriano, al tiempo que reconoce con su doctrina que el mundo es "un infierno que supera al de Dante y en el que cada

---

71. Eduard von Hartmann: *Filosofía de lo inconsciente*. Introducción, traducción y notas de Manuel Pérez Cornejo, Alianza, Madrid, 2022, pp. 654-655.

uno ha de ser el diablo del otro" (Schopenhauer 1966: 159),[72] Hartmann no puede darse por satisfecho con su ascetismo meliorativo a medias. Allí donde el sufrimiento lo abarca todo y la felicidad es siempre ilusión –Hartmann disecciona, en aproximadamente cincuenta páginas, los *phantasmata*,[73] configurados de muchas maneras, de la felicidad en el más acá, en el más allá y en el futuro–, también la redención universal ha de ser el resultado, no de un acto individual, sino colectivo. Lo absoluto inconsciente, que promueve y porta el proceso cósmico en su miseria, ha de suprimirse, no sucesivamente ni parte tras parte, sino solo como un todo, en un acto eruptivo de rebelión apocalíptica de la conciencia:

> Para aquel que ha comprendido el concepto del desarrollo, no puede caber duda de que el final de la lucha entre la conciencia y la voluntad, entre lo lógico y lo ilógico solo puede encontrarse en la *meta* del desarrollo, en el *fin* del proceso cósmico; para aquel que se atiene, ante todo, a la *unidad total* de lo inconsciente, la redención, la conversión del querer en el no querer, ha de pensarse como un *acto único*, no *individual*, sino entendido solo como un veredicto de la voluntad cósmica universal; como un acto que constituye el fin del proceso, como el *instante final*, después del cual ya no habrá ningún querer, ninguna actividad, ni "será más el tiempo" (Ap. 10, 6) (E. v. Hartmann 1913 II: 220).[74]

La conclusión de Hartmann, convincente y carente de contradicción, es, de ahora en adelante, el correctivo de la propuesta de solución schopenhaueriana. Pero cuando se trata de hacer visible el último miembro de una cadena abstracta de deducciones, anticipando de forma visionaria un postulado, y de responder a la pregunta "de *cómo* hay que pensar el final del proceso cósmico, es decir, la supresión de todo querer en el no querer absoluto, con el cual [...] todo lo que llamamos existente (organización, materia,

---

72. Arthur Schopenhauer: *El mundo como voluntad y representación, op. cit.*, Vol. II, Cap. 46, p. 559.
73. "Fantasmas".
74. Eduard von Hartmann: *Filosofía de lo inconsciente, op. cit.*, p. 657.

etc.) *eo ipso* desaparece y termina" (*ibid*.: 222),[75] le falta a Hartmann fuerza representativa, y es lo suficientemente sincero como para admitir este fracaso ante él mismo y ante sus lectores. Sin embargo, le parece posible pensar una conclusión mediante un esfuerzo de voluntad común de todos los espíritus particulares humanos conscientes; asimismo, no desaprovecha la ocasión para añadir:

> Nuestros conocimientos son muy imperfectos, nuestras experiencias demasiado breves y las analogías posibles demasiado menguadas, como para podernos hacer una representación, aunque *solo sea con cierta* seguridad, de aquel final del proceso. (*Ibid*.)[76]

Hasta que se produzca la revocación de la creación, Hartmann contaba aún con el paso de siglos, de cientos de años, aunque no con lapsos temporales cósmicos (como cabría aventurar, teniendo en cuenta la ley de la entropía). Que las luces encendidas por nuestra especie el 6 y el 9 de agosto de 1945 sobre Hiroshima y Nagasaki, unidas a los bizarros resultados de la tecnología armamentística del monstruo, ayudasen a producir una fantasía apocalíptica en un período de menos de tres generaciones, es algo que él apenas habría podido imaginar, igual que el hecho de que, si no el mundo, sí al menos el ocaso de la tierra ya se habría celebrado a finales del siglo XX en miles de ensayos generales, realizados con todo tipo de juegos militares planificados y simulaciones de computador, de manera que la última acción global del *homo sapiens*, "la supresión de todo querer en el no querer absoluto", podría desarrollarse diestramente y sin esfuerzos, con una precisión rutinaria, de la que tan dolorosamente carecía hasta ahora nuestro curso sobre este planeta.

75. *Ibid*., p. 661.
76. *Ibid*.

XI

Después de una odisea especulativa de dos mil años, la filosofía ha retornado, con Schopenhauer y Hartmann, a la certeza original del mito, según la cual nosotros somos parias y degenerados de la creación, una forma evolutiva fallida, que, en un espasmo de aniquilación, se dirigirá y reducirá a sí misma *ad absurdum*.[77] De este modo, la verdad del pensamiento antropófugo es tan simple y obvia, que es casi incomprensible como pudo andar, en general, extraviada; y, de hecho, hay una forma del conocimiento, que, en contraposición con la reflexión filosófica, preserva, frente al tiempo, el recuerdo de que sería mejor que no fuésemos, sin abjurar nunca de él, a saber: el arte, del que nos ocuparemos en otro lugar.

En todo caso, la posición expuesta de ambos pensadores en la historia de una filosofía de la distancia y de la huída de la humanidad, no puede pasar por alto que, ciertamente, su intuición central −consistente en la necesidad de la autorredención del monstruo, que apunta tendencialmente y en general a la supresión de cualquier sufrimiento orgánico−, posee el carácter de un axioma inconmovible, por detrás del cual ya no puede recaerse, si bien la formulación concreta de su "*hard core*"[78] tuvo lugar en forma limitada y revestida del idealismo especulativo de comienzos del siglo XIX, por lo que no puede valer, en absoluto, como sacrosanta. Para el siglo XX, enemigo de la metafísica, la hipótesis de una voluntad cósmica o de un inconsciente absoluto resulta tan sospechosa como el tenor solipsista-fenoménico de las declaraciones gnoseológicas de Schopenhauer, y ambos puntos se pueden considerar, con toda confianza, obsoletos *ad acta legem*.[79] ¿Para qué hipostasiar hegelianamente algo así como un no-espíritu [*Ungeist*] del mundo, cuando el mito y las fantasías acerca del cataclismo, y sobre todo los sangrientos anales de la historial mundial, anuncian el hecho completamente ametafísico [*unmetaphysische Tatsache*] de que "la humanidad [...] anhela solo la *absoluta ausencia de dolor*, la Nada, el Nirvana" (E. v. Hartmann 1913

---

77. "Al absurdo".
78. "Núcleo duro".
79. "Por acta legal".

II: 215)?,[80] ¿para qué propagar aún la meditación y la ascesis, o reflexionar, como hace Hartmann, sobre misteriosos métodos espiritistas para lograr la inmovilización del ser, si hace años que en los búnkeres, plataformas de lanzamiento y en los dispositivos submarinos se encuentra disponible un instrumental que funciona según leyes físicas más seguras y fiables?

Rodeados por los arsenales de la solución final, bien repletos y custodiados; con la confianza bien fundada en las exageradas capacidades de destrucción y en las tecnologías que ya están a nuestro alcance para pasteurizar toda la biosfera; pertrechados con las experiencias de la primera y segunda guerra preparatorias;[81] absolutamente condicionados por los medios de comunicación de masas, y preparados con total aplicación para convertirnos en la comitiva bruegheliana al infierno y para una danza de la muerte planetaria, nosotros, los últimos nacidos, naturalmente lo tenemos fácil a la hora de criticar a los pensadores, que en lugar de una intuición inmediata, solo disponían de sus subrogados metafísicos, las construcciones auxiliares forjadas por la imaginación idealista, en las cuales era hasta impensable aquello que hoy constituye ya incluso toda una generación obsoleta de armas, destinadas de nuevo a la jubilación. Por consiguiente, nosotros reprendemos con reparos y consideraciones al pensamiento antropófugo de un Schopenhauer y de un Eduard von Hartmann, viendo que ellos precisaron brillantemente la tarea, pero no pudieron definir aún el procedimiento adecuado para afrontarla, aunque vista de cerca la solución no parece menos evidente que su imperativo filosófico, tan simple: "¡el sufrimiento se tiene que acabar!"

Ahora bien, el único camino transitable para el cumplimiento de este postulado fue esbozado ya en 1820, es decir, un año después de la aparición de *El Mundo como voluntad y representación*, en las *Soirées de Saint-Petersburg* [*Veladas de San Petersburgo*] del filósofo y ministro de Estado francés Joseph Marie Comte de Maistre, cuyo talante archirreaccionario y clerical le capacitó igualmente para una concepción que el pensamiento del siglo XX,

---

80. Eduard von Hartmann: *Filosofía de lo inconsciente, op. cit.*, p. 642.
81. Hortsmann alude a la PGM y la SGM, que, a su juicio, "preparan" la Tercera Guerra Mundial del futuro.

menos estrecho de miras, aún no ha abrazado –con escasas excepciones–, a saber:

El hombre es quien está encargado de degollar al hombre. […] La guerra es la que está encargada de ejecutar el *decreto*. ¿No oís la *Tierra* que grita y pide sangre? La sangre de los animales no le basta, ni aun la de los culpables, vertida por la espada de las leyes. […] De este modo se cumple sin cesar, desde el más pequeño insecto hasta el hombre, la gran ley de la destrucción violenta de los seres vivientes. La Tierra entera, empapada continuamente en sangre, no es más que un ara inmensa donde todo lo que vive debe ser inmolado sin fin, sin medida, sin descanso, hasta la consumación de las cosas, hasta la extinción del mal, hasta la muerte de la muerte. (J. de Maistre 1825 II: 31 y ss.)[82]

Desde que existe el monstruo, ha estado en guerra permanente contra sí mismo, y con la pica y la espada, la ballesta y el fusil, el carro de guerra y los lanzadores de cohetes, siempre ha sabido superar, aun sin esfuerzo, la desgracia que le debe a la inexperta naturaleza, saliendo adelante por sí mismo. Pero todas las infinitas matanzas, en las que se ha peleado hasta el agotamiento; todos los bombardeos, voladuras y estallidos; todas las torres con arneses, las montañas de chatarra y pirámides de calaveras, que dejan tras de sí las hordas rabiosas como pecios, no se han perdido. Muy lejos de ser una expresión y el monumento consagrado de los preparativos para la defensa fallidos, de un amor patriótico abusivo o un deplorable impulso de agresión, se desvelan ante una razón antropófuga como prácticas, preparativos y ejercicios. Si el monstruo tuviese aún el más mínimo motivo para sentirse orgulloso, entonces no debería de ponerlo en relación con los productos construidos por las civilizaciones, sino con la brillante riqueza de invenciones destinada al desarrollo de medios y caminos para su eliminación sostenible. Lo único que resulta imponente es la obstinada tenacidad con la que se desarrollan las armas, cómo se prueba su uso, cómo se mejo-

---

82. José de Maistre: *Las veladas de San Petersburgo*. Espasa-Calpe, Madrid, 1966³, velada séptima, pp. 163-164.

ran y se las reemplaza por otras nuevas; y si el concepto del progreso posee, en general, sentido y *fundamentum in re*, más allá de la mera escatología de la sustitución, entonces este fundamento hay que descubrirlo en las producciones pioneras de la tecnología militar. ¿No se detienen todas las demás criaturas en el veneno y el aguijón, en las garras, los dientes y cuernos? ¿Y qué ser racional no se hubiese dado por satisfecho con el palo para defenderse de su intrusivo vecino? Pero no sucede así con el monstruo. Posponiendo la paz y la amistad, el amor y la vida, él se ha prescrito el perfeccionamiento de aquella capacidad de defensa que tan expresamente le niega la naturaleza. Con la más elevada entrega y desde sus modestos comienzos, ha transformado la tierra en aquel campo de escombros donde entrechocaron las primeras armas, convirtiéndolo, por medio de un esforzado y milenario proceso de rearme, en una única armería; ha liberado la historia de la especie, desde el fosco idilio del primitivo recolectar y ser, transformándola en un torneo despiadado, una espartaquiada de la guerra relámpago y de las matanzas de pueblos, un inagotable campo de aprendizaje para conquistadores, demagogos y políticos, que solo van en busca del poder. En los períodos históricos registrados desde la Antigüedad, el monstruo no ha gozado ni siquiera de un decenio de reposo, descanso y paz plena, sino que ha impuesto, paso a paso, tajo tras tajo, el ruido de las armas, cavando tumba tras tumba, destinadas todas ellas a ser la recompensa para las legiones que sirven desinteresadamente al progreso militar, y honrando con ello aquella máxima que Friedrich Nietzsche, en el *Zaratustra*, revistió con las proposiciones siguientes:

Debéis amar la paz como medio para nuevas guerras. Y la paz corta más que las largas [...] ¿Vosotros decís que la buena causa es la que santifica la guerra? Yo os digo: la buena guerra es la que santifica toda causa. (Nietzsche 1967 I: 575)[83]

Nietzsche y de Maistre tienen razón. Para el monstruo, la guerra es sagrada desde sus inicios, y nunca ha dejado de sacrificar, de forma exuberante

83. Cfr. *supra*, n. 9.

y desmedida, a su dios; la especie, como tal, nunca ha abandonado la certeza de que su salud se encuentra en las armas, y ella sólo se ha dejado ilustrar por los apóstoles de la paz y los humanitarios para fortalecerse en esta convicción, como lo muestran por extenso las consecuencias asesinas de la cristianización de Occidente. Por eso, no parece sino una coincidencia afortunada, que incluso la filosofía –que viene predicándole en vano al monstruo la templanza y los beneficios de la tregua, se convierta al final, con algunos de sus representantes, a la sabiduría del monstruo y con una clarividencia antropófuga, recientemente ganada, se retracte de sus errores humanistas. Si aquellos que marchaban acompañando a Ciro, Alejandro y César, o los que atacaban furiosamente con las hordas de Atila y Gengis-Khan, hubiesen seguido, no al dios de la guerra sino las múltiples doctrinas filantrópicas, nosotros estaríamos aún hoy con hachas de piedra y palos arrojadizos, y no tendríamos ni la menor idea de preparar un fin para los sufrimientos encarnados sobre este planeta en un tiempo previsible. Pero nuestros incesantes esfuerzos nos han aproximado enormemente a la meta. Hemos deletreado el ABC de la disuasión. Estamos listos para preparar al tormento orgánico una Cannas[84] de la que ya no se recuperará. Y al fin, hemos reconocido que nosotros mismos pertenecemos a la generación escogida, que traducirá las visiones apocalípticas del mito a la realidad, dejando con ello que se cumpla el primitivo anhelo de la especie de dejar de existir.

La historia mundial es, sin duda, un degolladero [*Schlachthof*]. Pero el horror está llegando a su fin. Y si bien no podemos dictaminar sobre su comienzo, sí tenemos ahora el poder de impedir su inacabable reproducción. La historia mundial es, también, un campo de entrenamiento posglacial [*nacheiszeitliches Trainingslager*], una arena, en la que el monstruo ha perfeccionado y ha actualizado con tenacidad el arte de sus gladiadores, caminando sobre una papilla de huesos, sangre y cerebros, hasta que pueda

---

84. La batalla de Cannas tuvo lugar el 2 de agosto del 216 a. C. entre el ejército cartaginés, comandado por Aníbal y las tropas romanas, dirigidas por los cónsules Cayo Terencio Varrón y Lucio Emilio Paulo, durante la segunda guerra púnica. El encuentro se saldó con una terrible derrota para Roma.

preparar el infierno, y dirigir contra sí mismo y contra la vida el gran golpe, cuya anhelante premonición dirigía ya la porra del Neandertal.

"Lo que en el hombre se puede amar es que es un *tránsito* y un *ocaso*", escribe Nietzsche (1967 I: 551).[85] El pensamiento antropófugo ha anunciado su sueño del superhombre y mantiene hasta el final esta perspectiva del hundimiento [*Untergang*], en sí ya suficientemente consoladora. Para él, la meta del desarrollo de la humanidad no es su nihilismo de la transvaloración de todos los valores sino el aniquilismo [*Annihilismus*], es decir, la autosupresión del monstruo, con todo su afán de sentido y verdad, después de aquel opio metafísico que tan amablemente le atontó durante milenios de preparación, y le mantuvo bajo alucinaciones que le prometían la felicidad, alucinaciones que ahora nosotros, los últimos en nacer, ya no necesitamos. La mirada antropófuga ha desvelado lo inconsciente y su paradoja ya no asusta: estamos aquí para aniquilarnos; el "sentido" de nuestra existencia es el hundimiento precisamente del monstruo reflexivo [*der Untergang eben des sinnenden Untiers*]; y los eones que han transcurrido desde nuestra deportación en el gueto de la razón los hemos aprovechado, por extenso, para poner en práctica, por fin, nuestro retiro con la más alta racionalidad científica y la brillantez que acompaña a los detentadores del Premio Nobel. Las especies animales pueden extinguirse, verse arrastradas por epidemias, ser despojadas de sus nichos ecológicos demasiado especializados, ser incapaces de soportar la presión de sus competidores, en relación con los medios de alimentación o ser entregadas, impotentes, a las leyes de la naturaleza; pero no sucede lo mismo con el ser humano. Él se levantó sobre sus patas traseras y se ha erguido ante la creación; ha llegado a ser autónomo y ha superado la presión de la selección biológica, de manera que ya no puede lidiar consigo de esta manera, sino que se deshace de él por sí solo.

---

85. Friedrich Nietzsche: *Así habló Zaratustra, op. cit.* p. 36.

XII

Los progresos realizados en el siglo XX por la tecnología militar del monstruo –desde el cambio del siglo, más de cien millones de seres humanos han muerto por causa de la guerra (cfr. Buchen 1968: 10)–, han sido tan enormes y prometedores como penosos son los excepcionales esfuerzos filosóficos para hacer concebible de un modo adecuado este desarrollo. Igual que en los cientos de años anteriores, la filosofía retrocedió, también esta vez y con escasas excepciones, ante la tarea de ocuparse con este desgraciado del *homo extinctor*,[86] como si se tratase de tocar a un leproso, y se inclinó con infantil concentración sobre las construcciones efectuadas por el mecano de la epistemología, la hermenéutica, y la crítica ideológica y ecológica. Muy lejos de asumir los conocimientos de un d'Holbach, de un Schopenhauer y de un von Hartmann, proseguirlos, y así acompañar la última acción de un aniquilismo preconsciente con el triunfal sí consciente de una ilustración antropófuga, ha apartado a aquellos que le abrieron camino, relegándolos al gabinete de las curiosidades de la historia del espíritu, y se ha dedicado al devoto cuidado del humanismo moribundo.

Las últimas metástasis, que gracias a las medidas prolongadoras de la vida de la podrida doctrina humanista aún alcanzan a desarrollarse, y que los terapeutas filosóficos explican con un juicio grotescamente erróneo como señales de la inminente recuperación y sanación del monstruo, son el marxismo, el existencialismo y ese campo de trabajo orientado a la praxis, que recibe el nombre de "estudios sobre la paz y los conflictos". Si el marxismo, como doctrina salvadora secular y religión de la humanidad, desarrolló en poco menos de cien años, precisamente con la espada, la fenomenología del martirio y del cesaropapismo, del cisma y de la persecución de herejes, el culto a los santos y la misión pagana, para cuyo despliegue la cristiandad aún había necesitado milenio y medio y, en consecuencia, desde el punto de vista de la historia del espíritu representa una mera *reprise*[87] –aunque su primera cruzada termonuclear nos podría conducir a la Nueva Jerusalén de la

86. "Hombre exterminador".
87. "Vuelta o retorno".

no-existencia–, y el existencialismo, en contra de su voluntad, aclara más bien que hace olvidar la quimera de lo humano, en un vacío decisionismo y en un accionismo insustancial del proyectarse, elegir y excederse a sí mismo, los estudios sobre la paz requieren, en el último momento, un golpe de timón de la historia universal, con el que el monstruo pretende aportar una buena refutación a los frutos de una lucha permanente, que ha durado cientos de generaciones.

Los estudios por la paz [*Friedensforschung*]: tal es la encarnación del escrúpulo, del derrotismo especulativo, del asustado huir hasta el final, ante el inevitable sabotaje de la voluntad antropófuga. Los resultados de la investigación saltan a la luz y, tasados sin prejuicios, son altamente alentadores y tranquilizadores, y solo el giro interpretativo y la intromisión de los investigadores de la paz y los conflictos mismos los transforman en el espantoso inventario de sus trenes fantasma humanistas. ¿Qué podría ser más escandaloso que la constatación de que "en 3.400 años de historia humana, solo ha habido 243 que no hayan conocido una guerra" (Leyhausen 1970: 61), y que, según otra estadística, "por término medio, hayan tenido lugar 2,6 guerras por año" (*ibid.*: 103)? Si se afronta con claridad antropófuga la función de los conflictos armados y no se la demoniza como un permanente descarrilamiento, como hacen los estudios sobre la paz, ¿no cabe apreciar la más pequeña escaramuza, la más insignificante matanza, como un paso en la dirección correcta, como preparación para el Armagedón global? ¿Quién se estremecerá con las decenas de miles de armas nucleares tácticas y estratégicas preparadas actualmente, de las cuales una sola tiene la fuerza explosiva de todas las bombas arrojadas por los EE.UU. sobre Alemania y Japón en la Segunda Guerra Preparatoria, multiplicada por 15 (cfr. Análisis de la paz de 1976 II: 16), o si pone ante sus ojos la magnitud de la tarea, que consiste en la descontaminación de un planeta entero, sobre el cual los monstruos ya no se encuentran esparcidos en metrópolis fácilmente accesibles, sino hasta en el hielo eterno, en los desiertos y en los valles de las montañas más remotas? ¿No se debería, en contra de los irresponsables clamoreos de los investigadores de conflictos, impulsar decididamente un armamento ulterior, que se adecúe a todas las eventualidades e impida que la siguiente carrera armamentista, en lugar de traer el anhelado Apocalipsis, degenere en la Tercera Guerra Preparatoria y con ello haga necesario para los supervivientes otro intento agonizante? ¿No se debería llamar beneficioso, en lugar de difamarlo como paranoico, al mecanismo que impide a los políticos y militares oír a una "razón" humanística y al "sano entendimiento humano", y que esboza Richard J. Barnet en su tratado *La locura armamentista americana o la economía de la muerte* con las siguientes palabras?:

> Puesto que no hay casi ningún sistema armamentístico –por lejos que vaya–, que los soviets no pudieran construir, si le dedicaran suficiente tiempo, energía y medios económicos, la fuerza de representación del Pentágono forma la única limitación para las tareas militares de los EE. UU. En el mundo real, a la gente que reparte la mayor parte de su dinero para armarse contra las amenazas, que solo existen en su imaginación, se les llama paranoicos. En el mundo de la seguridad nacional, el sistema mismo es paranoico. (Barnet 1969: 18)

Por lo demás, se trata de una cualidad esta, la paranoia, que el propio sistema disuasivo cultiva de forma distendida, como atestigua la ingeniosa abreviatura de su doctrina central: MAD[88] (*Mutual Assured Destruction*: Destrucción Mutua Asegurada).

El llamado "efecto Schumpeter",[89] es decir, la independencia y la agresiva dinámica propia de los complejos armamentísticos, es el motor de nuestra feliz autosupresión, y debe impedirse por todos los medios que los estudios

88. En inglés "mad": loco.
89. Dieter Senghaas, en su ensayo *Política disuasoria o política armamentística*, ofrece el siguiente esbozo: "Joseph Schumpeter ha presentado, en un famoso tratado sociológico de 1919, la tesis de que, frecuentemente, en la historia puede observarse cómo las naciones que se enfrentan a una amenaza militar limitada y temporal, terminan por desarrollar habilidades con las cuales hacer frente a esa amenaza, para continuar luego viviendo, tras su superación, con enormes complejos armamentísticos que han dejado de tener una función. Este complejo armamentístico desarrolla entonces una dinámica propia de crecimiento, cuya dirección y velocidad no está en conexión ya con la amenaza originaria". (Leyhausen 1870: 129) (NUH)

sobre la paz apaguen, ni siquiera reduzcan un poco, el número constantemente acelerado de sus revoluciones con los conceptos ilusorios de la resistencia pasiva o la acción no violenta (cfr. Krippendorff 1968: 477 y ss.), o con modelos armamentísticos unilaterales y graduales (cfr. *ibid.*, 250 y ss.). Afortunadamente, los factores que salen al paso de cualquier freno de la dinámica armamentística –como la solidaridad intelectual y la fiabilidad de amplios estratos de la población, una orientación a la imagen del enemigo, la confianza inquebrantable en las virtudes de la obediencia, de la defensa y del nacionalismo– todavía son lo bastante fuertes, y también lo serán en el futuro, como para contrarrestar las actividades subversivas de los investigadores sobre la paz, que van en contra de los intereses bien entendidos de la humanidad entera. Pero, además de todo esto, también los militares han reconocido lo serio de la situación y, en su incesante preocupación por el bien de los que están destinados a proteger, se esfuerzan por no dejarse arrastrar a una atmósfera no contaminada por el engaño a la gente y el cebo de la paz. Así, por ejemplo, para los EE. UU., ya en los últimos 60 años, vale lo siguiente:

En el Pentágono se encuentran disponibles 6.410 personas para las relaciones públicas. Sólo la oficina de información de la sección para los asuntos públicos del Ministerio de Defensa dispone de un presupuesto de 1,6 millones de dólares y ocupa a más de 200 oficinistas y civiles, que tienen su puesto de trabajo en el Pentágono y en las ciudades más importantes del país. La oficina de información para las Fuerzas Armadas tiene un presupuesto de 5,3 millones de dólares, los cuales se emplean en una red global de radio, para alcanzar el círculo de escucha civil y militar más gigantesco. El servicio de radio y televisión de las Fuerzas Armadas sustenta 350 instalaciones de emisión en 29 países y 9 más en el territorio de EE. UU; emplea al año al menos 10 millones de dólares y tiene 1.700 empleados. Esta es la más grande cadena de transmisión del mundo (Barnet 1971: 53).

Entretanto, los esfuerzos de información global se han ido intensificando y, en algunos casos, han terminado por provocar, ellos también, un efecto que ha conducido a revisar los puntos de vista de los representantes de los estudios sobre la paz. Así, por ejemplo, Johannes Kneutgen, en el trabajo *El hombre. Un animal guerrero*, publicado en 1970, ha tomado distancias respecto de la pintura negra y del tono de Casandra del pacifismo científico y se ha penetrado de un optimismo, que se encuentra aún mucho más alejado de la conciencia antropófuga, y desconoce, en consecuencia, el desarrollo futuro, aunque ahora, al menos, no lo impide, sino que, provisto con el tranquilizante "todo irá bien" que los suyos aún necesitan, escribe:

> Por último, no se pueden considerar las armas atómicas como estructuras imponentes, como las gorgueras de los combatientes, que se despliegan "por si es necesario", o los cuernos de los ciervos. Soy de la opinión de que la humanidad está en el mejor camino, para hacer inútiles sus armas más peligrosas. Cabe esperar con confianza este desarrollo "positivo", pues su conclusión "está a las puertas". La humanidad está en el mejor camino, para producir de manera racional aquello que, en el curso de la evolución, llegó a ser un comportamiento instintivo en los animales sociales dotados de armas peligrosas. (Kneutgen 1970: 102)

Otros, como los colaboradores del estudio *Consecuencias y prevención de la guerra*, a pesar del título, que puede conducir a error, se limitan ahora, en lo esencial, a la documentación y consideran que su tarea es estimar, a lo largo de 700 páginas y por medio de un modelo computacional especializado en la aplicación de las armas atómicas, "las pérdidas resultantes en vidas humanas, salud, viviendas y estructuras industriales, con las diferentes formas de dispositivos armamentísticos" (Weizsäcker 1970: 6). El enfoque positivista de artículos como: "Análisis matemático de los efectos de las explosiones de las armas nucleares en la República Federal Alemana", "La destrucción del potencial agrario y las oportunidades de supervivencia de la población", o "Reflexiones para el riesgo de epidemia en la guerra atómica", se abstienen de la manera más beneficiosa del *pathos* de la flagelación humanista y representan, en lugar de ella, "imágenes de la guerra", que describen el grandioso panorama del hundimiento acudiendo a la sequedad de los números:

La imagen bélica 9 ha dispuesto 75 bombas de 2 Tm. contra los centros de la población. Las consecuencias resultantes contaminan al 58% de la población de la superficie, en un radio de acción de unos 1.000 m. Como resultado, muere la mitad de la población de la República Federal de Alemania y un cuarto enferma a consecuencia de la radiación. Más de la mitad de la cabaña pecuaria es aniquilada. Correspondiente al intervalo permitido por la radioactividad, las pérdidas de capacidad oscilan entre 196 y 227 mil millones DM, aunque en este punto dicha imprecisión apenas es relevante. Habría que evacuar entre 900.000 y 6 millones de seres humanos. [...] La producción, incluso de las necesidades mínimas, queda excluida, puesto que en la industria eléctrica, en la minería, en la química, en el procesamiento de aceite mineral y en la producción de hierro y acero, es decir, en todas las industrias básicas, las capacidades se ven superadas en un 100%. Con la evacuación, la mayoría de las capacidades, incluida la de la industria alimenticia, ya no resultarían suficientes. (*ibid.*: 264)

El resultado de la lectura es aquí un fatalismo ilustrado [*aufgeklärter Fatalismus*], que se sabe a la altura del pronóstico científico y, al mismo tiempo, se acuerda de la dinámica y la selección del proceso histórico, dirigida a la meta que lleva a cabo Quincy Wright en su *Study of War*:

De los pueblos guerreros surgió la cultura, mientras que los recolectores y cazadores amistosos fueron desplazados a las zonas marginales de la tierra, donde son poco a poco erradicados y absorbidos, con la única dudosa satisfacción de poder contemplar cómo las naciones que tan efectivamente han manejado la guerra, se aniquilan a sí mismas. (Krippendorf 1968: 38)

Si se compara esta visión con la perspectiva del otrora ministro de defensa McNamara,[90] según la cual:

---

90. Robert Strange McNamara fue Secretario de Defensa estadounidense entre 1961 y 1968, durante el período de la guerra del Vietnam. Posteriormente, presidió el Banco Mundial hasta 1981.

La historia de la humanidad no se ha caracterizado por largos períodos de paz, que fueron interrumpidos algunas veces por guerras, sino más bien por una cadena de permanentes operaciones militares, entre las cuales, de vez en cuando, cayeron épocas de agotamiento y recuperación, que entonces se designan orgullosamente como paz. (McNamara 1970: 62)

...surge una aproximación de los puntos de vista que, a pesar del desolador estado de los estudios sobre la paz en los decenios pasados, permite escuchar atentamente y esperar. Como en las más de 6.000 conversaciones entre las "delegaciones de desarme" rusas y americanas, que han sido celebradas desde la Segunda Guerra Preparatoria –el comité de desarme de Ginebra pudo ya en 1971 celebrar su jubileo, con la reunión número 500 (cfr. Seidler 1974: 12)–, en modo alguno se acordaron medidas concretas de desarme, sino que, al contrario, se programó un armamento más rápido y perfeccionado en el plano cuantitativo o cualitativo, los sectores tecnológicos se han replanteado siempre nuevas carreras competitivas, de manera que, según su tendencia, los estudios para la paz no fueron concebidos a causa de la prevención de conflictos, sino como procedimientos de provocación política y militar y su adecuada utilización en relación con la situación. Para este propósito, el consejo de los apóstoles de la paz solo necesita, por el momento, invertirse, haciendo que sus recomendaciones se transformen en prohibiciones y sus prohibiciones en imperativos; además, el estricto secreto impuesto sobre toda este área de investigación tan solo podría conducir a la adaptación a un nuevo objetivo de investigación que tenga en cuenta las necesidades de la sociedad en su conjunto.

Un ejemplo prototípico de estos nuevos estudios para la paz, reformulado de arriba abajo, está presente desde hace 60 años, y documenta del modo más evidente las importantes funciones de proveedor que esta disciplina podría poseer para la planificación de la redención global final, pero ante todo también para el necesario rearme ideológico de los combatientes. Hablamos del estudio de Herman Kahn titulado *Escalada*, y su precedente: *Sobre la guerra termonuclear*. En su escrito sobre la escalada, Kahn dice que la primera meta de la investigación es "estimular la fuerza de la imaginación" (Kahn 1970: 28), pero con ello se prueba como completamente inmune frente a cualesquiera arranques y prejuicios antropocéntricos de sus colegas de profesión. Es decir, su máxima no quiere decir, precisamente, incitación a la paz mediante sombrías visiones estremecedoras, sino un sobrio calcular y reflexionar sobre lo hasta ahora explicado categóricamente como impensable. Como cualquier acción militar realizada hasta el momento, también la última: el apocalipsis y el infierno planetario –este es el punto de partida argumentativo implícito de Kahn– requiere de un trabajo intelectual y una planificación previa a fondo. Una humanidad que ha entrado en la última lucha contra sí misma y contra la naturaleza, no puede permitirse ninguna chapuza ni descuido, puesto que, por vez primera, no se trata de la victoria o derrota del otro partido o nación, sino de una erradicación colectiva y total. Si esta operación no se realiza de inmediato, los supervivientes no reunirán pronto la fuerza para un segundo arranque, y el sufrimiento se renovaría por incontables generaciones de tarados, dañados por la radiación y mutantes, en un medio ambiente, frente al cual el actual quedaría en el recuerdo como el Jardín del Edén, debiendo dichos supervivientes ir dando tumbos hacia aquel lejano punto en el que los instrumentos de la autoextinción estuviesen de nuevo a su disposición.

Para excluir la posibilidad de un manejo negligente de los potenciales existentes y asegurar su completo agotamiento, según el juicio humano, Kahn proyecta una "escala de la escalada", que abarca 44 peldaños, y que parte de una situación de crisis, para alcanzar en el nivel 12 la "gran guerra convencional", sobrepasar el umbral atómico en el 21 y, finalmente, dirigirse a una "guerra central" [*Zentralkrieg*], cuyo relieve escalar se expone como sigue:

33. Estrategia lenta contra "valores materiales".
34. Estrategia lenta contra sistemas de armas.
35. Salvas limitadas, para la reducción de la capacidad de producción militar.
36. Golpe de desarme limitado.
37. Golpe contra los sistemas de armas bajo el blanco de otros objetivos.
38. Ataque sin consideración sobre los sistemas de armas.

39. Estrategia lenta contra las ciudades.
40. Salvas contra valores materiales.
41. Ataque intensificado de desarme.
42. Ataque de aniquilación sobre objetivos civiles.
43. Otras formas de guerra general dirigida.
44. Guerra convulsiva o loca [*Krampfartiger oder wahnwitziger Krieg*].

(*ibid.* 72)

En el último estadio del espasmo y de agonía, según Kahn, "todos los gatillos se activan simultáneamente" (*ibid.*, 88), y solo queda esperar que el monstruo –con tal de que haya realizado la preparación adecuada y con el suficiente cuidado–, acabe de apurar, de hecho y para siempre, el cáliz de su atormentada existencia y sea capaz de dar el salto cualitativo hacia el *homo extinctus*, el hombre extinguido.

Kahn sobre el modelo de despliegue coordinado de las técnicas de devastación existentes, como anota el texto publicitario, pone "en manos de los responsables herramientas inestimables", y yendo más allá de un revolucionario estudio para la paz, permite, además, el retorno –a la vez que la confesión abierta– de una tradición largamente soterrada, es decir, una apologética filosófica de la guerra, que nunca ha dejado de tener renombrados representantes y autoridades, que van de Platón a Hegel,[91] y de Hobbes, con su himno a la obediencia ciega:

91. Como es sabido, en el Estado ideal platónico existe, junto al estamento de instructores y de productores también un estamento de defensores, destinado por completo al arte de la guerra, que está liberado de actividades socialmente útiles. Platón dedica un amplio espacio a la reflexión sobre los métodos de entrenamiento y adoctrinamiento y aprecia tan alto el significado del militar, que aboga por la censura de las creencias, la literatura y la música derrotista (cfr. Platón 1961: 72 y ss.). En general, Hegel habría estado indudablemente de acuerdo con él, puesto que menospreciaba la paz, y en su *Filosofía del derecho* anota: "En las épocas de paz se extienden los límites de la vida civil y a la larga esto tiene como consecuencia que los hombres se hundan en el vicio. [...] De las guerras los pueblos no solo salen fortalecidos, sino que también naciones que en sí mismas son incompatibles, conquistan con la guerra exterior la paz interna" (Hegel 1968; 308) [G. W. F. Hegel: *Principios de la filosofía del derecho*. Trad. de Juan Luis Vermal, Edhasa, Barcelona, 1988, p. 410, *Agregado* al § 324]; en conse-

Si a mí se me manda hacer algo que es pecado en quien me lo manda, y yo lo hago, y el que me manda es con derecho mi señor y rey, entonces yo no cometo pecado alguno. Si yo hago la guerra por mandato de mi príncipe, no actúo injustamente, aunque entienda que se trata de una guerra injusta; pero si rehúso hacer la guerra, arrogándome el conocimiento de lo que es justo e injusto, el cual es un tipo de conocimiento que solo corresponde a mi príncipe, entonces sí estoy actuando injustamente. (Hobbes 1959: 194)[92]

...hasta esa inspiración de Kant, que sofocaba ya por completo las ilusiones filantrópicas, adelantándose a su tiempo en siglos, y según la cual, "una guerra de exterminio, en la que puede producirse la desaparición de ambas partes y, por tanto, de todo el derecho, solo posibilitaría la paz perpetua sobre el gran cementerio de la especie humana" (Kant 1976: 21).[93]

cuencia, él recomienda a los gobiernos y al mundo burgués paralizado "sacudir [a los pueblos] de vez en cuando en su interior por medio de las guerras, infringiendo y confundiendo de ese modo su orden establecido y su derecho de independencia, dando así con este trabajo que se les impone a sentir a los individuos que [...] su dueño y señor es la muerte". (Hegel 1959: 324) [G. W. F. Hegel: *Fenomenología del espíritu.* Trad. de Wenceslao Roces, FCE, México/Madrid/Buenos Aires, 1982, pp. 267-268]

92. Thomas Hobbes: *De cive.* Traducción de Carlos Mellizo, Alianza, Madrid, 2000, p. 198.

93. Immanuel Kant: *CFR. supra* , introducción, n. 5.

XIII

Los estudios sobre la paz –así debería concluirse de lo que hemos dicho–, solo tienen sentido, y han de subvencionarse, allí donde sirven a la guerra. Este servicio, en todo caso, puede proporcionarse inmediatamente, de forma directa o indirecta, con la elaboración de escenarios y modelos de simulación que, al poner en juego el horror que implica su realización, tienen un efecto entorpecedor y paralizan la acción resolutiva; mediatamente, como aclara el optimismo ojizarco de un Kneutgen, mediante el desvío de la crítica pacifista al reino de la bella utopía y de un pseudoproblema absorbente y "explosivo".

A tales ofertas sustitutivas para el intelecto deformado humanísticamente –que se ocupa de todo esto de una forma elegante y completamente libre de violencia, rechazando con ello influir negativamente sobre el proceso de rearme que tiene lugar a lo largo de la historia del mundo–, pertenecen, por el momento, junto a las variantes descritas, que mantienen una distancia estética hacia el mundo de los estudios sobre la paz, los debates ecologistas, la cuestión atómica y, hasta cierto punto y de manera paradójica, también la propia discusión sobre las armas atómicas.

La "moda ecológica" (Maldonado 1972: 70), que rechaza radicalmente cualquier perspectiva de futuro centrada en una humanidad que se multiplica de forma explosiva y en la desaparición, más o menos rápida, de los recursos naturales, bajo los resortes del hambre, la contaminación ambiental y un saqueo despiadado, buscando desesperadamente salidas para este callejón sin salida, dirige la mirada de los que discuten hacia curvas de crecimiento, diagramas de producción y muestras computarizadas de las reservas de materias primas aún existentes, y con ello mantiene alejada la mirada de una humanidad que, después del agotamiento de los recursos minerales o del envenenamiento de su medio ambiente industrial, no debería despedirse amablemente remitiéndose a lo inevitable, sino que, desde mucho tiempo antes, buscará su salvación mediante despiadadas luchas y guerras por la distribución por los espacios vitales libres de contaminación que aún queden y que sean medianamente saludables. La situación ecológica, que irá empeorando, unida a los esfuerzos políticos para alcanzar la hegemonía, junto a una mentalidad ideológica de cruzada y la propia dinámica de los complejos militares, puede llegar a ser el factor desencadenante del acto de liberación del monstruo; pero, además de su carácter de catalizador, no tiene –en contraposición a la tasación de los ecófilos– ningún mayor significado independiente, y desde luego no el de ser nuestro problema existencial central.

Los adversarios de la energía nuclear dependen, también, de la agradable ficción de situarse en el punto arquimédico de la nueva historia del mundo, haciendo méritos por un mundo póstumo, que, en realidad, hará mucho tiempo que habrá sido bombardeado, hasta alcanzar la no existencia; tienen bloqueada su mirada hacia las capacidades militares por la desagradable visión de accidentes de reactores con algunas decenas de miles de muertos, cuando frente a aquellas un reactor de fusión fuera de control parece un guisante que detona bajo las cadenas de los tanques.

El desvío de las energías críticas y de las protestas colectivas por amenazas que en comparación son completamente secundarias –como se improvisaron en la disolución de los movimientos de la Marcha hacia el Este y de la lucha contra la muerte atómica, de los años 50 y 60, y el desplazamiento de la procesión de los descontentos de Lemming a los terrenos baldíos y salinas en Gorleben y entre los pozos de construcción del emplazamiento del reactor de Wyhl–, es uno de los más grandes triunfos del trabajo de represión llevado a cabo por la sociedad entera, que ponen al monstruo en condiciones de poner rumbo directamente a su meta, sin grandes desvíos ni impedimentos dignos de mención. E incluso los restos esparcidos de los adversarios de las armas atómicas y del armamento, que han sobrevivido hasta nuestros días y que ahora se calientan en el fuego de paja de una efímera discusión acerca de la paz, antes de que den su asunto definitivamente por perdido, le han preparado en el pasado servicios de cárter al monstruo, en contra de su voluntad. Precisamente porque ellos se han movilizado tan vehementemente contra las bombas atómicas, las bombas de hidrógeno y las bombas de neutrones, ha desaparecido casi completamente de la conciencia pública el arsenal creciente de las armas B [biológicas] y Q

[Químicas], cuyo desarrollo mayúsculo en el laborioso idilio de los laboratorios, a salvo de las quejas de los eventuales curiosos, ha mostrado consecuencias insospechadas, especialmente en el ámbito biológico:

Para destruir toda vida en un dominio de 1.000 x 1.000 m., deben dispararse 16.000 granadas de artillería (de 75 o 77 mm.), lo que corresponde a 10 Tm. de explosivos convencionales. El resultado que se consigue con 1 Tm. de agentes de guerra química, o 10 kg. de explosivos nucleares, como los usados en Hiroshima, se consigue, igualmente, con 10 g. de explosivos termonucleares del tipo actual, o bien con solo 0,1 g. del agente de guerra biológica (Junta Central de la Unión Científica 1972: 141).

Para los iniciados y para el pensamiento antropófugo, es consolador saber, a la vista de tales resultados, que también aquellos que no sean alcanzados por la tempestad del fuego atómico que caerá sobre las ciudades y que, por vivir en espacios vitales un tanto marginales, quizás puedan escapar incluso de la lluvia radioactiva letal, no deben renunciar de ninguna manera a la esperanza de un final, sino que también ellos pueden tener la certeza de verse barridos, un poco después, como los últimos de su especie, por virus mutantes, bacterias y hongos, por una neumonía artificial, un tifus devastador, o una forma antes inexistente de ántrax, beneficiándose de aquella visión y de aquel cuidado con el que se aceptan en el Apocalipsis incluso la muerte de los supervivientes.

XIV

Igual que los estudios sobre la paz, antes del nuevo comienzo revolucionario que ha introducido en ellos Kahn, deben valorarse como el impactante fracaso de la razón científica, también la antropología del siglo XX ha demostrado estar ciega, de cabo a rabo, frente al curso de los tiempos y la meta de la evolución humana, que desde ahora se muestra con total claridad. Es cierto que ella, con sus divisiones entre antropología biológica y filosófica, antropología cultural y social, ha formulado y reunido numerosos conocimientos e hipótesis sobre el origen y el devenir del ser humano; es verdad que, desde Darwin, ella conoce sus orígenes en el reino animal, así como los estadios del proceso de hominización desde el australopiteco al pitecántropo hasta el tipo del Neandertal y del Cromañón –que sellaron nuestra degradación y degeneración–, gracias a las investigaciones y hallazgos paleoantropológicos. Cierto es, también, que la antropología concibe al ser humano como un "mono arcaicamente falto de especialización, pobre de instintos, infantil, en el que el crecimiento superior no ha aparecido, y que permanece fijado en un nivel infantil e incluso embrionario" (Landmann 1969: 148), pero ella no ha sido capaz de emprender nada a fondo con estos datos y los maneja como un débil mental que ordena y agrupa las piezas de un puzle, según su tamaño y según sus preferencias, sin saber que todas ellas juntas componen una única imagen.

Ahora bien, este fracaso de la moderna ciencia del ser humano no es algo en absoluto inexplicable, sino que, por el contrario, su motivo es bien evidente. Es decir: hasta ahora la antropología ha preguntado siempre, con tozudez, de dónde viene el monstruo, pero ha rechazado, del mismo modo, la simple reflexión acerca de adónde va, diciendo que esto es algo que queda fuera de su ámbito de competencias. Dejar de lado esta pregunta debía tener, a la larga, un efecto fatal, pues, ¿cómo se quiere interpretar y ordenar los hechos, elaborar y apreciar las cualidades, sin añadir las informaciones relativas a la dirección y meta del proceso evolutivo, dentro del cual estos hechos y cualidades poseen una determinada importancia, o funciones desencadenantes concretas de aceleración o de frenada? Con esto, la manera de proceder de la antropología, basada en la recopilación de datos, renunciando a un sistema de referencia antropófugo, se parece al intento de disponer un aparejo sin velas y condena a la ciencia a la inmovilidad de una barca, que carece de impulso y va a la deriva.

Teniendo esto presente, las escamas deberían caérseles de los ojos a los representantes de esta disciplina, tan pronto se hubiesen familiarizado con el pensamiento de la autosupresión última del monstruo y con la detención del sufrimiento orgánico como meta de la evolución; pues el ser humano resulta altamente adecuado y tiene pleno sentido para la tarea que le es propia, y en absoluto es tan solo el feto de un simio corporalmente retardatario, ni el ser carencial o la encarnación orgánica deficiente de una categoría lógica, como aparece con demasiada frecuencia en los manuales. Si se acepta acríticamente el siguiente resumen de Arnold Gehlen:

> Morfológicamente, el hombre, en contraposición a los mamíferos superiores, está determinado por la carencia que en cada caso hay que explicar en su sentido biológico exacto como no-adaptación, no-especialización, primitivismo, es decir: no-evolucionado; de otra manera: esencialmente negativo. Falta el revestimiento de pelo y por tanto la protección natural contra la intemperie; faltan los órganos naturales de ataque, pero también una formación corporal apropiada para la huida; el hombre es superado por la mayoría de los animales en la agudeza de los sentidos; tiene una carencia, mortalmente peligrosa para su vida, de auténticos instintos y durante toda su época de lactancia y niñez está sometido a una necesidad de protección incomparablemente prolongada. Con otras palabras: dentro de las condiciones *naturales*, originales y primitivas, hace ya mucho tiempo que se hubiera extinguido, puesto que vive en el suelo en medio de animales huidizos ligerísimos y las peligrosas fieras depredadoras. (Gehlen 1971: 33)[95]

… uno debería plantearse, uniéndose al autor y sacudiendo la cabeza: "¿cómo es capaz de vivir un ser tan monstruoso?" (*ibid*.: 36) Pero si se reú-

95. Arnold Gehlen: *El hombre. Su naturaleza y su lugar en el mundo*. Trad. de Fernando-Carlos Vevia Romero, Sígueme, Salamanca, 1980, p. 37.

nen las observaciones particulares, de tal manera que en el puzle antropológico se haga visible la imagen del monstruo, las conclusiones son completamente distintas, y el estupor deja paso a la enorme admiración hacia la gran lógica con la que la naturaleza, pese a todo, ha dotado a su criatura fallida, al menos para el breve instante de su autorrealización apocalíptica. ¡Qué ventaja, existir sin pelaje o coraza! ¿Cómo hubiese podido aprender el monstruo a cubrirse detrás del escudo, armadura y arnés, o a moverse en vehículos armados y, finalmente, a lanzar al agresor sus cohetes, dotados ahora de tres cabezas, como si fuesen flechas, desde el gigantesco exoesqueleto de los silos, hasta alcanzar su tierra natal? ¡Qué premio ha significado carecer de órganos para atacar! Pues ¿cómo, si no, hubiesen sido producidas en la cabeza de la bestia las generaciones y generaciones de nuevas armas, frente a las cuales las filas de dientes de un cocodrilo, el cuerno de un rinoceronte o el veneno de la víbora, actúan como las chapuzas de un demiurgo ansioso? ¡Qué don ha supuesto no poder entregarse a la huida, para así poder acuchillarse unos a otros mutuamente! ¡Qué bendición llegar al mundo con los instintos lisiados! Pues el impedimento instintivo, que obstaculiza de forma inmodificable la matanza de los animales dentro de la propia especie, se fue modificando, ya con los primeros apedreamientos entre las primitivas hordas humanas, que tenían un carácter tosco y diletante, y los hace, como enseña la experiencia, completamente ineficientes para las campañas contra sus semejantes. ¡Qué suerte, en fin, ser educable e influenciable durante años y decenas de años! Pues, ¿cómo, si no, podría ser tan receptivo un ente que se sostiene sobre las piernas a las seducciones de la paciencia, de la confianza, del amor y la dulzura, y producir, a la vez, aquellas cualidades de carácter contrapuestas, como son la impaciencia, la dureza, la frialdad de sentimiento y el placer en el castigo, el dolor y la violencia, que son tan necesarias para coronar por fin con un éxito global los esfuerzos realizados durante eones por la especie en pro de su autoliberación?

No, nosotros no somos seres carenciales, sino que estamos magníficamente dotados con disposiciones que nos predestinan para el cumplimiento de nuestra tarea y no permiten ni un fracaso, ni la sombra de una cómoda excusa o disculpa. Y el que, con mucho, es el don más preciado de la naturaleza es el órgano de las fontanelas de nuestro cráneo, así como su rápido desarrollo, la cerebración, sobre la que Gerhard Heberer dice:

Única en su velocidad y dimensiones, ella es también fundamental para la prosecución del "devenir humano", en su campo de transición del animal al hombre. Con un tempo rapidísimo, en el transcurso de unos pocos milenios, se pasó de un volumen cerebral de un máximo de 600 cm^3, o poco más (Australopitecinos) y luego 1.000, 1.100, 1.200 (primeros homínidos), 1.600 (neandertales) y 2.000 cm^3 (valor extremo del *Homo sapiens*), hasta alcanzar el volumen actual, que está en situación de producir los más grandiosos productos biológico-técnicos, que condicionan nuestra imagen contemporánea del mundo (Heberer 1973: 93)…

…y que –se inclina uno a añadir– dejan este mundo tras de sí en un estado del que precisamente este órgano, hoy en día, apenas si puede hacerse una imagen.

XV

No son pocos los críticos de la civilización del presente que ven muy bien la discrepancia entre los ideales humanísticos en los que se socializaron y una realidad que da una bofetada en el rostro a tales deseos, pero rechazan tozudamente dar el giro al pensamiento antropófugo y, en vista de que son incapaces de cambiar una realidad que es mala, se complacen en denigrar el aparato intelectual y cognoscitivo del monstruo, superándose a sí mismos con explicaciones pseudocientíficas, como estas:

Las conexiones nerviosas entre las estructuras arcaicas del tronco encefálico y el neocórtex son manifiestamente insuficientes. [...] En lugar [...] de transformar el antiguo cerebro en uno nuevo, la evolución se contentó, simplemente, con injertarle a la antigua estructura una nueva, más diferenciada, sin impedir las interferencias entre funciones ni dotar al nuevo cerebro de poderes de control sobre el antiguo. Expresado de forma un poco tosca: la evolución ha dejado un par de tornillos sueltos entre el neocórtex y el hipotálamo. (Koestler 1978: 20)[96]

Y, poco después, una difamación aún más encubierta:

Así, como en un organismo viviente, en caso de que enferme de cáncer, por ejemplo, una asociación celular puede hipertrofiarse, en el ser humano la inteligencia está hipertrofiada y, ciertamente, cada vez más y más, sin que

96. En el trabajo de Charles M. Fair *El cerebro mal programado*, se formula aún más claramente, como hipótesis, aquello que junto a su colega, orientado hacia la divulgación científica, parece una certeza férrea, si bien esta precaución no aumenta su contenido de verdad. Fair escribe, entre otras cosas: "La causa para la 'unidad interna' en los animales [...] podría buscarse en que en ellos la corteza cerebral (= neocórtex) no intenta seriamente asumir el papel de las antiguas estructuras cerebrales en la dirección de la conducta" (Fair 1971: 33). Pero en los seres humanos se ha producido un cambio, "en base al cual la antigua unidad y la respectiva 'armonía de funciones' al final se vio radicalmente estorbada [...]; la corteza cerebral aceptó un nuevo sistema funcional, sistema que, con relación a su lógica y las maneras de comportarse dirigidas por él, es diametralmente contrapuesto a los sistemas subcorticales". (*ibid.*: 34 y ss.) (NUH)

este proceso haya llegado a detenerse hasta hoy. Esta es la sala cancerígena en la que todos estamos reunidos. (Bilz 1973: 50)

El periodista científico Theo Lösack ha traído el pobre argumento de la analogía del superdesarrollo, que es más probable que se deba al trauma del lagarto que al trabajo mental analítico, al formato de un pack, y anuncia con ello su decisión de rechazar indignado "el regalo envenenado de la naturaleza, este instrumento dotado de la consistencia de un queso fresco de cabra, que trabaja silenciosamente" (Löbsack 1974: 17), por medio del cual él alimenta su existencia. La suma de sus reflexiones suena así:

Esta masa, que ha crecido sin medida, y cuyo ulterior expansión se ve trabajosamente impedida por la osamenta craneal que la recubre, es, de hecho, comparable al cuerpo de los dinosaurios de antaño, esos animales que, al alcanzar un crecimiento gigantesco, tuvieron que capitular ante sí mismos. Es evidente que el gigantismo no vale de mucho en la tierra, ni el del cuerpo ni el del espíritu. (*ibid.*: 16)

Nada es más absurdo que esta tesis, según la cual el cerebro es un "órgano excesivo" (*ibid.*: 250), pues, en el fondo, no supone sino reeditar la ya criticada opinión doctrinal ortodoxa de la antropología, según la cual el ser humano es un puro compuesto de defectos, carencias e insuficiencias. Pues también nuestro órgano intelectual [*Denkorgan*] es una parte de la constitución biológica altamente adecuada para nuestro destino, y ya sólo él daría motivo suficiente para caer de rodillas ante un Dios creador…, si no hubiese sido precisamente este cerebro el que, entretanto, le ha desenmascarado como un ídolo delirante producido por él mismo.

La utilidad de nuestro aparato intelectual [*Denkapparates*] no podría ser más variada, ni las ventajas que le debemos podrían ser mayores. Pues, por un lado, gracias a su competencia técnico-armamentística, nos proporciona los medios sin los cuales ni transcurrida una eternidad podríamos superar la inercia de nuestra carne; por otro, él nos ofrece las justificaciones y racionalizaciones que el monstruo necesita tan imperiosamente para sus incesantes ejercicios militares, para contrarrestar aquella seducción de la inactividad, la dulzura y la tolerancia que una flema pacifista ofrece como la "voz de la conciencia"; y en tercer y último lugar, a través de la especulación antropófuga, él reflexiona sobre sí mismo, reconoce las funciones mencionadas como adecuadas y llenas de sentido, alzándose hasta la concepción heroica –que a cualquier otro ser empujaría a la locura–, de que no hay sitio en absoluto para él en el cosmos; de que, en base a su propio y evidente razonamiento, debe negarse el derecho a existir, y que, por consiguiente, no ha de socavar, sino más bien afirmar de corazón, y promover, revalorizándolos con la gloria del *sumum bonum*, los anteriores esfuerzos inconscientes de la especie de entregarse ella misma a la nada, poniendo así coto al sufrimiento perenne.

Por eso, sólo a una comprensión profundamente trastornada y olvidada de sí misma puede parecerle que el balance de la razón humana se agotaría en constatar que:

Hoy en día, hay aproximadamente 199 millones de toneladas de biomasa humana, que, creciendo rápidamente, puebla el planeta, lo explota y saquea sus reservas de materias primas, sin preocuparse de las necesidades de las generaciones futuras, destruyendo así cada vez con mayor celeridad unos medios de vida, para los que no hay ninguna alternativa. (*Ibid.*: 16)

Más bien, el espíritu ha hecho todo lo humanamente posible para acabar con este estado –que, sin embargo, sólo representa una suerte de instantánea–, y volver a dar en un futuro próximo al planeta la abrupta belleza y carácter intacto, que poseyó hace millones de años, antes de que las consecuencias de la reproducción y la profanación de sí mismo devorasen tan tenazmente su rostro.

Así pues, el espíritu y su sustrato material, el cerebro, es nuestra más apreciada y sagrada posesión. Pero así como el ser humano hace de sus talentos y dones un uso muy diferente y, por lo regular, se inclina más bien a desafiarse a sí mismo que a emprender esfuerzos excesivos, también la razón solo alcanza el nivel más alto para la preparación antropófuga en unos pocos. La gran mayoría de los monstruos, en lugar de tener un claro cono-cimiento del *télos* hacia el que se encamina el desarrollo de la especie, se conforma con tener un presentimiento sordo e inconsciente del mismo, y está completamente inmersa en la invención de aquellos medios y caminos que resultan convenientes y adecuados para nuestro destino.

La dosis del narcótico humanista, que administrada diariamente y desde que son niños, les endulza su frugal actividad con bellos sueños de progre-so y felicidad, deja ahora inevitablemente vacías y marchitas aquellas fun-ciones superiores del cerebro, que permiten calar en aquellas ilusiones úti-les, así que precisamente aquellos millones de sujetos que realizan el traba-jo de Sísifo industrial, que es la condición indispensable del gran infierno, están privados de la confianza y la vista previa filosófica del fin. Esta caren-cia de conciencia, por la cual ellos solo serán redimidos el día de la catás-trofe, resulta deplorable y lamentable, pero al mismo tiempo es altamente beneficiosa para la dinámica y el curso libre de impedimentos del proceso aniquilador. Pues aquellos que durante tanto tiempo estuvieron deshabitua-dos a la última verdad, reaccionan, en general, con violentas respuestas defensivas, e incluso con pánico y revolución, cuando se ven confrontados, de repente y sin preparación, con el fin real de su existencia. Por eso: por mor de la gran tarea, habrá que decidirse a dejarles, para bien o para mal, con su reconfortante trastorno; y aunque nosotros, desde el puro punto de vista de la antropofugalidad [*vom reinen Standpunkt der Anthropofugalität*], condenamos duramente a los ideólogos humanistas del siglo XX, llámense marxistas, existencialistas, antropólogos o estudiosos de la paz, sin embar-go, el hechizo de la distanciada especulación no nos arrebata la visión de que también ellos, contra su voluntad, cumplen una función social alta-mente provechosa, por cuanto protegen al monstruo común de la fría racio-nalidad antropófuga, en la que él no podría sobrevivir ni prosperar. Y es desde este trasfondo, donde encuentra su triste pero innegable justificación instrumental incluso un sistema tan delirante como el del padre jesuita y caballero de la legión de honor Pierre Teilhard de Chardin, quien cree en el devenir Dios del ser humano,[97] gracias a la evolución, así como en una

97. Teilhard sintetiza el teocentrismo de la Edad Media con un desmedido antropocen-

"superhumanidad" y "supercaridad" (Teilhard 1976: 74), a la vez que despacha el mal como un "residuo" del desarrollo superior y la idea de la catástrofe como una "hipótesis perezosa y barata" (*ibid.*: 40).

centrismo, para el que toda la historia de la naturaleza -"cosmogénesis" y "biogénesis"- solo aparecen como un preludio del devenir humano, con el cual el "rizado de la materia" alcanza, en principio, un nivel de complejidad novedoso, el de la reflexión. La "comprensión planetaria" (Teilhard 1976: 47) obliga al ser humano a la formación colectiva de la llamada noosfera (la cual se representa Teilhard como una especie de Iglesia mundial total y espiritualizada, o como una *Societas Jesu* planetaria) y a la convergencia del monstruo, sublimado como ser luminoso, con la divinidad en el llamado "punto Omega", una representación completamente patológica, que solo puede florecer bajo la protección de los muros de los monasterios. (NUH)

XVI

Si se echa un vistazo a la historia de la filosofía moderna, tenemos que el pensamiento antropófugo, tras su irrupción en el siglo XVIII y su formulación especulativa idealista en el XIX, parece haber alcanzado y sobrepasado su punto más alto, e incluso se podría estar inclinado a sostener una relación de proporcionalidad inversa, y formular la tesis de que, en la misma medida en que el monstruo se ha ido aproximando progresivamente al punto de su retiro existencial y de creciente competencia militar-tecnológica, la inclinación a debatir intelectualmente sobre este desarrollo y concebirlo como algo que es de alto interés para la especie ha ido desapareciendo. Esta observación es, a la vez, correcta y falsa; pues, por un lado, existen, de hecho, mecanismos de aislamiento y autoprotección, unos deseos de engañar, sobre los cuales volveremos luego más en detalle; pero, por otro lado, con la expresión de la verdad única antropófuga, según la cual sería mejor que no existiésemos y que, en consecuencia, debemos emprenderlo todo para pasar de la existencia al no ser, expuesta en los sistemas de Schopenhauer y von Hartmann, se ha dado, efectivamente, el paso más importante; y es a nosotros, los últimos nacidos [*Lastgeborenen*] a quien se nos ha encomendado preservar y completar esta verdad, corregir sus distorsiones y traerla a una forma que corresponda al estado de desarrollo científico-natural y tecnológico del presente.

Hay que enfatizar, de nuevo, que el pensamiento filosófico del siglo XX ha escapado a este compromiso, en sí modesto, con una carencia de responsabilidad estremecedora, dejando caer al borde del olvido los axiomas de la huída intelectual del ser humano. De aquello que no quería, ni podía ser, más que la posesión de una minoría, un bien intelectual común de una élite ilustrada, ha hecho esta época una peculiar doctrina secreta, algo que solo puede tenerse en la mano cerrada, bajo la capa bufonesca de una ironía burlona, pudiéndose expresar tan solo como el niño suplantado [*Wechselbalg*] de un humanismo despótico y senil, y esto, incluso, estando expuesto permanentemente a la intimidación de la excomunión social y la amenaza de la existencia. El consuelo necesario y la estabilización de la muchedumbre, mediante ofertas de sentido y modelos del mundo optimistas, se ha infiltrado, como una suerte de autoentontecimiento de la filosofía [*Selbstverdummung der Philosophie*] en esa búsqueda de la verdad, que pocos emprenden, conduciendo a la condena por herejía del pensador antropófugo o a la autocensura de los pocos espíritus congeniales que se mantienen firmes, dando lugar a la estremecedora deformación de sus reflexiones.

Dos ejemplos, los de Ludwig Klages y Sigmund Freud, pueden bastar para poner de manifiesto este olvido del deber de aquellos que han puesto sus banderas bajo el signo de la libertad del espíritu. Ludwig Klages (1872-1956), para ellos, pasa por ser un irracionalista, que habría poseído el atrevimiento de "proyectar un sistema racional, para probar el absurdo de la *ratio*" (Delfgaauw 1966: 82); una historia de la filosofía lo designa como "uno de los matadores [*Matadoren*] más destacados y efectivos del anti-intelectualismo alemán" (Runes 1962: 319), pues, aunque con la toma del poder de los nacionalsocialistas debió huir a Suiza, ha sido uno de sus mentores y padres adoptivos; otro compendio, titulado *Corrientes principales de la filosofía actual*, en sus dos tomos, con aproximadamente 1.300 páginas, le dedica sólo media frase (cfr. Stegmüller 1969 I: 97), y sustituye la denuncia consecuente por un silencio aún más efectivo.

En realidad, este Klages, alejado del panteón de la filosofía contemporánea, es, junto con E. M. Cioran, uno de los pocos pensadores antropófugos de altura que ha producido este siglo. Klages –que con esto y en adelante, marcaba también en los círculos filosóficos un desafío extremo hacia el desbocado optimismo inconsciente– estaba convencido de la "inevitabilidad del hundimiento" (Klages 1971: 1428), y en su importante trabajo *Der Geist als Widersacher der Seele* (1929) explica el determinismo del desarrollo diciendo que:

> El cuerpo y el alma son dos polos que pertenecen de consuno y de forma inseparable a la célula vital, siendo el espíritu comparable, desde fuera, a una cuña que se desliza, con el impulso de separarlos uno del otro, y así despojar al alma del cuerpo y al cuerpo del alma, hasta el extremo de matar, al fin, toda vida que pueda ponerse a su alcance. (*ibid.*: 7)

Ahora bien, puede criticarse la concepción tripolar del cuerpo, el alma y el espíritu, igual que los espacios interpretativos que se plantean en su cosmovisión para cada una de estas entidades, del mismo modo que puede criticarse la hipoteca idealista del querer del mundo en Schopenhauer, y quejarse de que en Klages el sufrimiento cae fuera de aquella posición central que se le debe en el sistema; pero esto no cambia nada en lo que se refiere a la corrección del resultado fenomenológico y su pronóstico histórico. El presagio de Klages, según el cual:

La esencia del proceso "histórico" de la humanidad (también llamado "progreso") es la progresiva lucha victoriosa del espíritu contra la vida, con el [...] previsible fin de la aniquilación de esta última. (*ibid.*: 69)[98]

...es igualmente correcto, igual que lo es la apreciación de la técnica como un poder que devasta la tierra, "en comparación con el cual todos los crímenes de Gengis Khan parecen solo como las payasadas de niños que juegan" (*ibid.*: 624). Y con una clarividencia antropófuga, digna de encomio, él reconoce, también, la misión propia del monstruo, puesta patas arriba por el humanismo, y su imparable impulso destructivo, que ya ha bastado:

Para extinguir del planeta docenas de tribus de primitivos, cientos de géneros de plantas, el doble o el triple de muchas especies animales, tanto sobre la tierra, como en el aire y en el agua. No está lejos el día donde todo se habrá extinguido. [...] El universo es algo demasiado espacioso para este delirio destructivo, pero la *tierra*, a no ser que suceda un "milagro" morirá de esto. (*ibid.*: 768)

98. Klages ha circunscrito, en repetidas ocasiones, el desarrollo de la humanidad, al télos de la humanización, y no ha dejado de hacerlo también con una claridad drástica. Así habla en una ocasión de las "violaciones que experimenta la vida en la tierra, por una inteligencia cuya meta final sería realizar la nada" (*ibid.*: 673); en otro pasaje, habla de la voluntad de empoderamiento tecnológico, cuya "meta es, simple y llanamente, la extinción de incontables géneros de animales, y finalmente deshacer la esfera terrestre de todo ser vivo". (*ibid.*: 724) (NUH)

Cuando Klages publica estas proposiciones, el inicio de la Segunda Guerra Preparatoria se encuentra en un punto situado casi aún una decena de años en el futuro, y las armas que sellarán nuestro final, todavía no se habían desarrollado. Pero, a pesar de ello, Klages posee también la conciencia apocalíptica de cualquier auténtico visionario, y su gran esperanza no apunta a la supervivencia propia o de la especie, sino a la redención, alimentándose con esto del desierto humano de la poshistoria. Somos "los últimos mohicanos", escribe Klages; y prosigue diciendo:

> Pero quien aún se atreva a abrigar deseos, solo debe desear una cosa: que una humanidad que ha llegado a tal grado de abyección, se hunda, vaya mal y reviente *tan rápido como sea posible*, para que del entierro de sus arsenales asesinos, deteriorados y en descomposición, se segregue y encienda de nuevo la embriaguez de los bosques. (*ibid.*: 768)

El quejumbroso y anhelante conjuro del *homo extinctus*[99] de Klages es muy superior a la parcialidad de su contemporáneo Oswald Spengler, que solo tuvo ante sus ojos la *decadencia de Occidente*; pero, por otra parte, significa un retroceso respecto de la consecuencia radical de un Hartmann, pues su deseo del fin no escapa a la perspectiva solidaria de la omnipresencia del tormento planetario, sino justo a un "apasionado amor de la vida [carente de espíritu]" (*ibid.*) y, por tanto, al endiosamiento de una vitalidad preconsciente. Es a este ser orgánico al que Klages quiere liberar de un intelecto saqueador, esclavizador y represivo, y con ello pasa por alto que él –lo mismo que el propietario de esclavos– está sometido a una tortura incomparablemente más horrible, a saber: el inmisericorde vegetar y luchar por la existencia. El aniquilismo [*Annihilismus*] de Klages es narcisista, porque él tan solo propaga la retirada del ser humano; pero el grado más elevado de la razón antropófuga ya no puede satisfacerse con este cuidado exclusivo de la propia salvación, sino que tiene que ser consciente de su responsabilidad hacia la biosfera en su conjunto y debe poner en valor y universalizar nuevamente sus propuestas de solución.

99. "Hombre extinguido".

Quizás, la voluntad de aniquilación y autodestrucción del ser humano es, en general, tan solo la manifestación más elevada de un impulso originario y de un protoinstinto [*Urimpulses und Protoinstinkts*], que habita en todo lo que vive, impulsándolo a su hundimiento, que por vez primera alcanza a tener conciencia de sí mismo. Quizás, la evolución entera no fue otra cosa que un gigantesco desvío, que asumió el plasma para sustraerse a sí mismo del pecado original de la generación, de su expulsión de lo inorgánico y de su inmortalidad potencial recién adquirida, para, después de eones de pro-liferación, ingresar de nuevo en el Nirvana del polvo y el gas. Y quizás el monstruo, con toda su rica inventiva, su autoconciencia y su filosofía, no es la corona de la creación, sino meramente un pícaro e ingenioso método, en el que cayó hace millones de años el primer ser unicelular para suicidarse, mediante una infinidad de divisiones celulares, a través de las cuales multi-plicó su vida.

Quien rechaza tales especulaciones sobre la larga marcha de la ameba hacia la muerte y del paciente suicidio del ADN, diciendo que son cuentos de hadas y fantasías, olvida el potencial cognoscitivo de aquellos mitos pri-mitivos del ocaso de los dioses y del cataclismo que vimos al comienzo de nuestra investigación. No importa que el nuevo mito esté contado con la pedantería de la teoría de la evolución; lo único que importa es la liberación de la conciencia mítica del cautiverio babilónico de la racionalidad científi-ca, habiendo sido el creador del psicoanálisis, Sigmund Freud, quien la guió hacia la salida.

Freud, que, en una carta a Albert Einstein de septiembre de 1932, designa su doctrina expresamente como "una suerte de mitología" (cf. Einstein/Freud 1934:16),[100] hace en 1920, en *Más allá del principio del pla-cer*, el decisivo descubrimiento de un poderoso competidor de la antaño absoluta pulsión libidinosa, o élan vital, que él supone reside en todas las criaturas y que designa con el nombre de pulsión de muerte o de des-trucción [*Todes- oder Destruktionstrieb*]. El antagonista de Eros está orientado regresivamente y tiende al restablecimiento de un estado pre-

---

100. Sigmund Freud: *El porqué de la guerra*, en: *Obras completas*. Traducción de Luis López-Ballesteros y de Torres, Biblioteca Nueva, Madrid, 1981, Tomo III, p. 3213.

vio a la vida. Como meta final de todo tender orgánico, Freud indica lo siguiente:

El que el fin de la vida fuera un estado no alcanzado nunca anteriormente, estaría en contradicción con la Naturaleza, conservadora de los instintos. Dicho fin tiene más bien que ser un estado antiguo, un estado de partida, que lo animado abandonó alguna vez y hacia lo que tiende por todos los rodeos de la evolución. Si como experiencia, sin excepción alguna, tenemos que aceptar que todo lo viviente muere por fundamentos internos volviendo a lo anorgánico, podremos decir: La meta de toda vida es la muerte. Y con igual fundamento: *Lo inanimado era antes que lo animado.* (Freud 1969 XIII: 40)[101]

Desde este punto de vista, el proceso evolutivo ya no aparece como un proceso de desarrollo hacia la complejidad y un despliegue superior auto-suficiente o teleológico, sino como un desvío cada vez más amplio para la detención del intercambio de materiales, como un programa eutanásico grotesco y excéntrico:

En una época indeterminada fueron despertados en la materia inanimada, por la actuación de fuerzas inimaginables, las cualidades de lo viviente. Quizás fue este el proceso que sirvió de modelo a aquel otro que después hizo surgir la conciencia en determinado estado de la materia animada. La tensión, entonces, generada, en la antes inanimada materia, intentó nivelar-se, apareciendo así el primer instinto de volver a lo inanimado. Para la sustancia entonces viviente era aún fácil morir; no tenía que recorrer más que un corto curso vital, cuya dirección se hallaba determinada por la composi-ción química de la joven vida. Durante largo tiempo sucumbió fácilmente la sustancia viva, y fue creada incesantemente de nuevo hasta que las influen-cias reguladoras exteriores se transformaron de tal manera, que obligaron a la sustancia aún superviviente a desviaciones cada vez más considerables del

101. Sigmund Freud: *Más allá del principio del placer*, en: *Obras completas, op. cit.*, Tomo III, p. 2526.

primitivo curso vital y a rodeos cada vez más complicados hasta alcanzar el fin de la muerte. Estos rodeos hacia la muerte, fielmente conservados por los instintos conservadores, constituirían hoy el cuadro de los fenómenos vitales. (*Ibid.*: 40 y ss.)[102]

¡Qué visión tan grandiosa, opuesta al tosco darwinismo! No se trata de una generación espontánea, que despide de sí un mundo floreciente, lleno de vida y desbordante de vitalidad, sino que, por el contrario, lo que encontramos desde el comienzo es el rechazo, el "no" al ser [*Verweigerung, das Nein zum Sein*]. Las moléculas gigantes, acopladas para las formas de vida primigenias, se desintegran; nada más alcanzado el umbral de la autoconservación, se hurtan de lo orgánico antinatural, huyen de la desgracia de las generaciones, siempre idénticas. A pesar de ello, una y otra vez, la vida se improvisa, la temperatura se equilibra, el entorno se inunda de nuevo de sustancias alimenticias…, hasta que la primera célula originaria fracasa en su huida y el intento de desintegración por división celular, por duplicación antinatural de sí mismo, fracasa de la manera más perversa.

La vida –que no quiere vivir– está eternamente entregada, sin protección, a la maldición de la continuación y de la propagación, que bloquea la salida a la nada, antes de que la diferenciación de las especies permita la defensa del comerse y devorarse, ese canibalismo de lo vivo, que demuestra de manera tan inquebrantable el no a la creación. Pero la revuelta fracasa, pues también los que comen encuentran comedores, que dan aire a sus víctimas, surgiendo así la cadena alimenticia, aquella ocurrencia diabólica del delirio de la creación, que mantiene a lo orgánico, que se rebela contra la voluntad de vivir, y castiga draconianamente su conspiración con el dolor, el tormento y el sufrimiento, que desde ese momento han de acompañarla. Y ninguno de los pasos futuros que emprende la vida contra sí misma; ninguno de los virus, bacterias, microbios y parásitos, ninguna de las epidemias y enfermedades desencadenadas por ellos, ha producido, en su efecto final, más que el ulterior aumento de esta medida de castigo.

102. *Ibid.*

El círculo demoníaco de la vitalidad se cierra, y lo vivo parece condenado a vivir para siempre. Pero, en realidad, se trata sólo de intentos iniciales, dirigidos de forma inconsciente e instintiva, y de su repetición, tan absurda como tenaz, cuyo fracaso es evidente. Mas con la constante invocación del mismo programa de la especie, que trae confiadamente a la muerte a los representantes concretos de la misma, según los modelos dados, pero que no amenaza ni la existencia de la especie como tal, ni las grandes esferas vitales, no se consigue nada; más bien son precisamente los caminos desarrollados y acumulados en el proceso evolutivo inorgánico, en base a su prolijidad e inflexibilidad, los que degeneran en los más poderosos apoyos de la vida; sin embargo, lo que vale, según Freud, es que:

El organismo no quiere morir sino a su manera. [...] De este modo surge la paradoja de que el organismo viviente se rebela enérgicamente contra actuaciones (peligros) que podían ayudarle a alcanzar por un corto camino (por cortocircuito, pudiéramos decir) su fin vital; pero esta conducta es lo que caracteriza precisamente a las tendencias puramente instintivas, diferenciándolas de las tendencias inteligentes. (*ibid.*: 41)[103]

Con estas reflexiones, Freud no solo se ha aproximado al pesimismo de un Schopenhauer y bosquejado la traducción de su anticuada cosmovisión idealista a una terminología moderna biológico-evolucionista, sino que, con esta visión del fracaso de la negación de la vida dependiente del instinto, él termina por situarse, también, en el umbral del aniquilismo filosófico [*philosophischen Annihilismus*], como un tender hacia la disolución, que desde este momento es inteligente, pues se dispone en base a aquella capacitación hacia el "cortocircuito" que le falta a la dirección instintiva, reposando en esa tendencia las esperanzas de redención de la creación entera.

Pero el yugo del despiadado adoctrinamiento humanista, al cual se encuentra sometido este siglo como quizás ningún otro, le arrebata a Freud el curso correcto antropófugo, nada más dar el primer paso. Ya resuena

103. *Ibid.*, p. 2257.

estridente ante sus oídos el "*Apage Satana!*"[104] de la nueva inquisición antropocéntrica; ya se forma ante su espíritu la procesión de los cazadores de brujas académicos y ya juzga la autocensura sobre su descubrimiento. Y el explorador de lo inconsciente, que habría podido ser el Copérnico y el Giordano Bruno de la nueva ciencia de la vida, abjuró de su tesis y la revocó, aun antes de haber sido citado ante el tribunal de los justos, diciendo: "Mas hemos de reflexionar que esto no puede ser así" (*ibid.*: 41).[105]

La "autorreflexión" de Freud ya no quiere admitir el primado ontológico de la pulsión original hacia la muerte y lo equilibra, mediante un dualismo maniqueo, con la pulsión vital, a cuyo fortalecimiento y cuidado terapéutico se dedicó en adelante con celo, frente a la secreta y supercompensada inclinación hacia la herejía antihumanista. Pero su actitud filantrópica se ha mostrado extremadamente engorrosa y desfavorable para el desarrollo del psicoanálisis, porque ella, por su parte, dio lugar a vetos para el pensamiento y no les dejó percibir a los discípulos de Freud –o solo lo hizo mediante el espejo deformador de la indignación humanista–, aquello que tan bellas esperanzas da al pensar antropófugo.

Un ejemplo impactante de una reflexión a propósito sobre el ser humano, como la que ya nos hemos encontrado en la antropología, es la *Anatomía de la destructividad humana*, dispuesta en la línea psicoanalítica por Erich Fromm. El autor alcanza, ya desde las primeras páginas, la visión esencial:

El hombre difiere del animal por el hecho de ser el único primate que mata y tortura a miembros de su propia especie sin razón ninguna, biológica ni económica, y siente satisfacción al hacerlo. (Fromm 1974: 4)[106]

…pero, en base a parámetros antropocéntricos, califica esta señal de la especie como algo completamente falso, es decir, no como algo destacado y un privilegio, sino como "una agresión 'malvada', no adecuada biológica-

104. "¡Aléjate, Satanás!"
105. *Ibid.*
106. Erich Fromm: *Anatomía de la destructividad humana*. Traducción de Félix Blanco, Siglo XX, Madrid, 1982⁴.

mente, que supone un problema real y un peligro para la pervivencia de la especie humana". (*ibid.*)

Igual que Freud, él no puede tranquilizarse con la diagnosis de la necrofilia del monstruo, que implica automáticamente también una prognosis de la meta histórica de la especie y la divulgación de su "misión":

> La necrofilia [...] puede describirse como la atracción apasionada por todo lo muerto, corrompido, pútrido y enfermizo; es la pasión por transformar lo viviente en algo no vivo, de destruir por destruir, y el interés exclusivo por todo lo puramente mecánico. Es la pasión de destrozar las estructuras vivas. (*ibid.*: 301)[107]

De manera que se ve obligado a negar, reprimir, embellecer y someter a discusión aquello que es evidente: que estamos aquí para trazar un fin. Luego, como por arte de magia, se pone rápidamente al alcance de la mano, como "alternativa fundamental", una "biofilia", que también ha sido declarada innata, y que asegura, por igual, el respeto hacia sí mismo y la renombrada cientificidad humanística, dando de nuevo ocasión a aquellas recetas patentadas del mejoramiento del monstruo, a aquella charlatanería psicoanalítica sabelotodo, que promete una buena conciencia y un buen negocio, y produce miles y miles de lisiados escrupulosos, los cuales –ilustrados a medias y desintegrados consigo mismos– ya no tienen fuerzas para vivir su destino antropófugo o de poner un fin a su fatigosa enfermedad.[108]

107. *Ibid.*, p. 330.
108. En contraposición con la posición ilustrada, que ya mostraban un Plinio, un Séneca o un Cicerón, el psicoanálisis, a pesar de su fingido objetivismo descriptivo, aún ve siempre subliminalmente en el suicidio un acto de apartamiento, de escapismo, que cae bajo una tacha moral. Una excepción clamorosa la constituye aquí tan solo el estudio de Karl Menninger, publicado por vez primera en 1938 y titulado *El hombre contra sí mismo*, que parte de que "al final, cada hombre se mata a sí mismo, eligiendo su propia y peculiar manera, rápida o lentamente, tarde o temprano" (Menninger 1974: 11 [Karl Menninger: *El hombre contra sí mismo*. Península, Barcelona, 1972, p. 9]); aún más, que "en el fondo, todos queremos morir" (*ibid.*), y por eso trata juntos el suicidio clásico, con sus variantes encubiertas, como el suicidio crónico (ascesis, martirio, neurosis, alcoholismo), el focal (automutilación, operaciones múltiples,

XVII

Ludwig Klages, considerado por una historia de la recepción falseada como *persona non grata*, la profunda ruptura en el pensamiento de Freud, la horrible pérdida del sentido de la realidad de sus seguidores: todo ello demuestra claramente el campo de ruinas intelectual que ha dejado tras de sí la recuperación del espantajo humanista en el siglo XX, caracterizado por su lujuria bélica. La supervivencia espiritual era en este terreno más que difícil, y el alto riesgo ha conducido temporalmente a que los partisanos de la resistencia antropófuga, se dispersasen o quedasen diezmados a fondo; pero, de todos modos, aunque la verdad conoce derrotas, nunca capitula, y desde los años 60, a pesar de las enconadas maniobras de ataque del humanismo, hay que constatar una renovada fase de estabilización y consolidación, que permite esperar que el ojo penetrante y comprensivo del monstruo –tal como lo garantiza su inteligencia– acabará por dirigir contra sí mismo y la criatura compasiva, aquel golpe apocalíptico para el cual se prepara tan febrilmente desde la segunda guerra preparatoria.

Entretanto, existen documentos, que muestran al desnudo tanto al monstruo como sus rabiosas manifestaciones históricas, el baile de San Vito de su progreso, el incesante *vae victis*[109] de las bestias merodeadoras, sin revestirlo ni retocarlo ya metafísicamente de forma humanista. En lugar de ensalzar, como hace cierta "historia" del siglo XX al uso, los resultados alcanzados por los generales, mariscales de campo, industriales y políticos, todos los cuales luchan oportunamente del lado del vencedor, alguno, como por ejemplo Karlheinz Deschner, publica su "patografía", una historia de la enfermedad de aquellas décadas, en las cuales el resultado de cinco o más

accidentes) y el suicidio orgánico mediante la enfermedad. En cualquier caso, la perspectiva antropófuga, que anticipan tanto el suicida como cualquiera que alza la mano sobre sí, con el último acto de aniquilación de la especie, bajo la forma de un simbolismo impaciente, votando ostensiblemente por el no ser, y erigiendo con su cuerpo inanimado un monumento contra la presupuesta supervivencia humanista y la inercia que quiere desviar al colectivo de su camino hacia el Armagedón, son cosas que también permanecen cerradas para Meinninger. (NUH)
109. "¡Ay de los vencidos!"

siglos de civilización parece querer exponerse *in nuce*, al menos por una vez, como "codicia y violencia, una cadena de catástrofes. La eterna bancarrota. Historia" (Deschner 1966: 8).

Lo que Deschner y sus colaboradores tratan de un modo ejemplar, es lo que persigue *ab ovo*[110] Hans Dollinger en su *Libro negro de la historia mundial*, es decir, desde el comienzo de los registros escritos y el despliegue de la memoria histórica del monstruo. Y también aquí lo que llega ante nuestra presencia y lo que revela Dollinger, es la "otra cara" de la escritura oficial de la historia: un lienzo manchado de sangre, chamuscado y desgarrado, el verdadero sudario de la especie, que yace bajo el enjalbegado y las atrevidas capas de color de la pintura de historia. Como "sentido superior" solo queda la iterativa monotonía del pogromo, que reúne "una cadena ininterrumpida de crímenes contra el ser humano, de persecuciones, expulsiones, huidas masivas, reasentamientos y exterminios sistemáticos" (Dollinger 1973: 6), así como otros abortos específicos de una y la misma mentalidad genocida, que alcanzó su completa expresión mucho antes de Auschwitz, mucho antes de los programas de solución final de Cortés y Pizarro en la cuestión inca y azteca, y ya floreció al máximo con el rey asirio Asurnasirpal II (883-859 a. C.), quien no quería que su arte de aniquilar a las masas quedase sumido en la oscuridad, aunque se desarrollase, desde luego, de una forma aún artesanal y preindustrial:

Siempre maté al segundo hombre; construí un muro ante las principales puertas de la ciudad. Desollé a los cabecillas, y con su piel recubrí aquellos muros. Algunos fueron emparedados vivos en ellos; otros fueron empalados a lo largo de los muros. Despellejé a un gran número y revestí los muros con su piel. Dispuse sus cabezas como si fuesen coronas y reuní sus cuerpos en forma de guirnaldas. (*ibid.*: 20)

Un inventario y colecta carente de ilusiones, como los asumidos por los dos trabajos mencionados, constituyen el presupuesto para la retrasada

110. "Desde el inicio".

resurrección de la filosofía, cuya inteligencia, entretanto, ha degenerado, bajo el efecto de los alucinógenos humanísticos [*humanistischen Halluzinogen*]. Afortunadamente, también aquí existe una esperanza fundada en el restablecimiento de la razón antropófuga en sus antiguos y ancestrales derechos, toda vez que ella ha encontrado, por vez primera, un defensor efectivo e íntegro, entre otros, en el estructuralismo francés, especialmente en su representante más completo e imponente, Michel Foucault.

Claude Lévi-Strauss, por ejemplo, en *El pensamiento salvaje*, ve al monstruo en una posición descentrada y periférica, frente al dictado de las estructuras, y explica que "el fin último de las ciencias humanas no es constituir al hombre sino disolverlo" (Lévi-Strauss 1973: 284).[111] Esta disolución es también la clave para el pensamiento de Foucault, para quien el filosofar distanciado significa "una zanja bajo nuestros pies" (Foucault 1974: 14), una subversión permanente, por lo que, conforme a ello, lleva a cabo en su obra un sabotaje de las osificadas convicciones y certezas esenciales del humanismo:

> A todos aquellos que quieren hablar aún del hombre, de su reino o de su liberación, a todos aquellos que plantean aún preguntas sobre lo que es el hombre en su esencia, a todos aquellos que quieren partir de él para tener acceso a la verdad, a todos aquellos que en cambio conducen de nuevo todo conocimiento a las verdades del hombre mismo, a todos aquellos que no quieren formalizar sin antropologizar, que no quieren mitologizar sin desmistificar, que no quieren pensar sin pensar también que es el hombre el que piensa, a todas estas formas de reflexión torpes y desviadas no se puede oponer otra cosa que una risa filosófica. (Foucault 1971: 412)[112]

La obra principal de Foucault *Las palabras y las cosas* es, conforme a este credo, una excavación de objetos enterrados, una (como reza el subtítulo) "arqueología de las ciencias humanas", que descubre sus fundamentos y

---

111. Claude Lévi-Strauss: *El pensamiento salvaje*. FCE, México, 1964, p. 357.
112. Michel Foucault: *Las palabras y las cosas*. Traducción de Elsa Cecilia Frost, Planeta-Agostini, Barcelona, 1981, p. 333.

establece que ellos, igual que el edificio, hace tiempo que están erosionados y corroídos, y concluye, convenientemente, con estas palabras: "el ser humano se borraría, como en los límites del mar un rostro de arena" (*ibid.*: 462).[113] Es verdad que en Foucault esta proposición no tiene un carácter inmediatamente existencial y, por consiguiente, no está mentada como presagio de una autosupresión apocalíptica, sino que solo pronostica la sustitución de una episteme humanista, es decir, de una forma de organización del saber centrada en las personas, a favor de un orden de las cosas altamente indiferente frente al sujeto. En esta medida, su aproximación antropófuga se limita al terreno gnoseológico y permanece por detrás de los sistemas universalistas, como los de Klages, Hartmann y Schopenhauer. Pero en un entorno ocupado y reglamentado culturalmente por el humanismo, una epistemología antropófuga posee ya importantes funciones como cabeza de puente, y Foucault no ha dejado ninguna duda de que él desea mantener esta cabeza de puente y de que quiere ampliarla, aprovechándola para precipitarla contra "las últimas sujeciones antropológicas" (Foucault 1974: 16)[114] o las doctrinas de salvación eudemonista, sobre las cuales aclara, en una entrevista:

Cuando parece que discutimos sobre el problema del humanismo, nos referimos, propiamente, a un problema más simple, el de la felicidad. Yo sostengo que el humanismo, al menos en el plano político, se deja definir como aquella actitud, como consecuencia de la cual el fin de la política es traer la felicidad. Pero, según mi convicción, el pensamiento de la felicidad no puede ya pensarse. *La felicidad no existe, y menos la de los seres humanos.* (*ibid.*: 29).

---

113. *Ibid.*, p. 375.
114. Michel Foucault: *La arqueología del saber.* Traducción de Aurelio Garzón del Camino, Siglo XXI, Madrid, 1983⁹, p. 25.

XVIII

Foucault, igual que sus compañeros de viaje estructuralistas, es alguien que ha llevado a cabo un redescubrimiento, y que, a pesar de su erudición y conocimientos de la historia de la filosofía, se siente en una *terra incognita*[115] y ha olvidado que aquello que él ha hollado y explora con tanto esfuerzo ya ha sido cartografiado y conceptualizado antes. Este error es trágico, pues el interregno humanista, que él combate, y al que busca poner fin, demuestra así que, aun en la caída, tiene poder sobre los insurgentes, al cortar sus vínculos con las tradiciones antropófugas, cuyo conocimiento habría facilitado enormemente su camino espiritual, haciendo su visión más profunda, dotándola de una perspectiva capaz de ir mucho más allá.

Pretender plantear reservas parecidas también a E. M. Cioran, originario de Rumanía, pero compatriota naturalizado de Foucault, que goza de mucho menos reconocimiento, pero que se alza por encima de él, en igual grado, en lo que se refiere al nivel de consecuencia que alcanza con su perspectiva antropófuga, sería exponerse al justificado reproche de padecer una miopía histórico-espiritual. Filosóficamente, Cioran ha llegado al fin; por eso no entrará en los anales de la filosofía antropófuga como explorador o preparador de caminos, o como aquel que reflexionó sobre lo negligentemente olvidado o reprimido, sino como el nuevo Schopenhauer de un período que, tomando en préstamo términos de la historia terrenal al uso, podría designarse como *preapocalipticum*;[116] un pesimista, negador de la vida y estilista del más alto nivel, un genio antropófugo, que comparte incluso sus errores con el bendito escritor de *El mundo como voluntad y representación*, de los cuales, el más serio, en ambos casos, es aquella indiferencia idealista, que, por encima de las jeremiadas bien elegidas, las cinceladas maldiciones y el disgusto elocuente de su reflexionar concreto, le hace descuidar los medios y el camino con cuya ayuda podría verse liberado para siempre el valle de lágrimas planetario. Si el fallo de Schopenhauer: su huida a la ascesis individual, es más que comprensible en este punto, en base a la

115. "Tierra desconocida".
116. "Preapocalíptica".

impotencia aniquiladora de la maquinaria militar de la que él era contemporáneo, apenas lo es la refinada abstinencia que muestra Cioran frente al moderno ABC de la aniquilación.

Pero toda tacha se vuelve secundaria e irrelevante para quien lee a Cioran. ¿No parece, a veces, como si aquí nos hablase la misma razón antropófuga, una voz póstuma de la poshistoria, del desierto humano, de la frialdad mineral e inanimada posterior a la catástrofe, "feto roído por una idiotez omnisciente, antes incluso de que sus párpados se abriesen, y aborto de clarividencia" (Cioran 1978: 194)?[117] Aquí se elevan recuerdos del monstruo, reminiscencias fósiles, incrustadas en el sedimento del alivio por algo que se ha acabado, visiones retrospectivas destruidas y la perspectiva de la fosilización de los ganglios, el anticipado gran suspiro de alivio de la materia, la paz del ser, que atrae, impulsa, impele, excita.

"Pensar es socavar" (Cioran 1977: 150),[118] se dice en la colección de aforismos *Del inconveniente de haber nacido*; es un estremecimiento salido de la pesadilla del viviente, un último favor para "los que no están ahí por mucho tiempo [...], para *gladiadores*" (*ibid.*, 77),[119] para los "*morituri*"[120] en la arena del Circo Máximo planetario. Pensar es la confesión "de que estamos aquí para hacernos infelices unos a otros" (*ibid.*: 143);[121] es la ilustración sobre el monstruo, ese especialista de la "contra-creación"; ese simio asesino y verdugo, que aun bajo la máscara de la bonhomía burguesa, arrastra tras de sí en sus sueños "un cementerio de amigos y enemigos" (Cioran 1978: 70).[122]

¿Qué es esta masa de "fantoches, atiborrados de glóbulos rojos, para prohijar la historia y sus muecas"? (*ibid.*: 86)[123] ¿Qué habría de ser esta "materia adolorida, carne que aúlla, huesos roídos por gritos" (Cioran 1972:

---

117. E. Cioran: *Breviario de podredumbre*. Traducción de Fernando Savater, Taurus, Madrid, 1983, p. 171.
118. E. Cioran: *Del inconveniente de haber nacido*. Traducción de Esther Saligson, Taurus, Madrid, 1998², p. 171.
119. E. Cioran: *Del inconveniente de haber nacido, op. cit.*, p. 89.
120. "Los que van a morir".
121. E. Cioran: *Del inconveniente de haber nacido, op. cit.*, p.161.
122. E. Cioran: *Breviario de podredumbre, op. cit.*, p. 72.
123. *Ibid.*, p. 85.

17),[124] este "cáncer de la tierra" (Cioran 1977: 136)?[125] Cioran, que rechaza las musas de la religión y de una filosofía corrupta, cuestionó sus huellas y alcanzó en su *Breviario de podredumbre* el siguiente resultado:

Que la Historia no tenga ningún sentido, es algo que debería alegrarnos. ¿Nos atormentaríamos acaso por una solución final del porvenir, por una fiesta final en la que nuestros sudores y desastres corriesen con todos los gastos? ¿A favor de idiotas futuros, exultando sobre nuestras penas y bailoteando sobre nuestras cenizas? La visión de un desenlace paradisíaco supera, por su absurdo, las peores divagaciones de la esperanza. (Cioran 1978: 181).[126]

Por consiguiente, queda excluido un bonito final; pero si la historia desde este punto de vista también parece carente de sentido y de meta, ella posee, sin embargo, un secreto, que merece la pena desentrañar, una lógica perversa, un absurdo, que estalla en el ser humano de la manera más devastadora:

La clave de todo lo inexplicable que hay en la historia bien podría encontrarse en el furor contra sí, en el terror a la saciedad y la repetición, en el hecho de que el hombre preferirá siempre lo inesperado a la rutina. [...] Todo lo que está vivo se afirma y se niega en el frenesí. Dejarse morir es signo de debilidad; aniquilarse, de fuerza. (Cioran 1972: 130 y ss.)[127]

Desde esta clara visión antropófuga de la historia como un lugar plagado de calaveras y el osario de un maníaco, incurable y enloquecido deber de masacrar, moler, machacar y destruir hasta el fin, se sigue para Cioran, con necesidad, todo lo demás. La última conclusión es, por tanto, que el ser humano ni puede durar ni durará:

124. E. Cioran: *La caída en el tiempo*. Traducción de Esther Saligson, Ed. Planeta de Agostini, Barcelona, 1986, p. 24.
125. E. Cioran: *Del inconveniente de haber nacido*, op. cit., p. 155.
126. E. Cioran: *Breviario de podredumbre*, op. cit., p. 161.
127. E. Cioran: *La caída en el tiempo*, op. cit., pp. 136-137.

El hombre no durará. Acosado por el cansancio, tendrá que pagar por su carrera demasiado original. Sería inconcebible y antinatural que resistiera por mucho tiempo y acabara bien. (Cioran 1977: 112)[128]

Todos nosotros somos los últimos seres humanos, estamos en el final de los tiempos; somos los segundones, los desolladores de nosotros mismos y de nuestras tradiciones:

Somos los grandes decrépitos, apesadumbrados por los antiguos sueños, por siempre ineptos para la utopía, técnicos de fatigas, enterradores del futuro. […] El Árbol de la Vida no conocerá ya primavera; es un leño seco; con él harán ataúdes para nuestros huesos, nuestros sueños y nuestros dolores. Nuestra carne ha heredado el relente de las hermosas carroñas diseminadas a lo largo de milenios. Su gloria nos fascinó y la agotamos. En el cementerio del Espíritu reposan los principios y las fórmulas: lo Bello está definido y allí yace enterrado. Y también lo Verdadero, el Bien, el Saber y los Dioses. Allí se pudren todos. […] Y sobre una multitud de losas que cubren delirios e hipótesis, se yergue el mausoleo de lo Absoluto: en él yacen las falsas consolaciones y las engañosas cimas del alma. (Cioran 1978: 149).[129]

Pero –y esta es la segunda conclusión–, nuestra agonía y propio desgarro sucede con claro entendimiento, no bajo la férula de los instintos o detrás de la cortina neblinosa de la disminución de la cordura; y esto supone, por igual, una oportunidad y una maldición: una maldición, porque el monstruo no puede dejar de comprender que él representa un "escándalo en la biología" (*ibid.*: 109),[130] "una digresión, una herejía" (Cioran 1972: 13),[131] y que su busca del Grial de la felicidad, la Nueva Jerusalén, el Jardín del Edén terrenal, lo único a lo que da lugar es a nuevos estragos, a la apertura de nuevos infiernos, y a confirmar de nuevo la

128. E. Cioran: *Del inconveniente de haber nacido, op. cit.*, p. 127.
129. E. Cioran: *Breviario de podredumbre, op. cit.*, p. 136.
130. *Ibid.*, p. 105.
131. E. Cioran: *La caída en el tiempo, op. cit.*, p. 13

amarga verdad, a saber: que "el Paraíso es la ausencia del hombre" (*ibid.*: 84);[132] y una oportunidad, porque la razón se da cuenta de que la existencia humana, sin embargo, solo constituye un caso especial de lo orgánico, del que vale, en general, lo siguiente:

La vida es una rebelión en el seno de lo inorgánico, un vuelo trágico de lo inerte, la vida es materia animada y, hay que decirlo, arruinada por el dolor. A tanta agitación, a tanto dinamismo y ajetreo solo escapamos aspirando al reposo de lo inorgánico, a la paz en el seno de los elementos. La voluntad de retornar a la materia constituye el fondo del deseo de morir. (*ibid.*: 91)[133]

Este impulso hacia lo inorgánico, lo cristalino, mineral e inmóvil –como recordaremos, tras ocuparnos de la gran intuición de Freud–, es propio de toda la biosfera, y su ligadura y bloqueo es la causa de la carne atormentada, eternamente sangrante, que recubre el planeta:

Todo se encamina hacia lo repulsivo y gangrenoso: este globo que supura mientras que los vivientes muestran sus llagas bajo los rayos del chancro luminoso. (Cioran 1978: 159).[134]

Pero el monstruo, que *comprende* la ubicuidad del sufrimiento, puede deducir de ella un mandato no expreso, a saber: la exigencia de actuar, no para la propia especie, sino para todo lo que vive. Y tiene el poder de responder a las llamadas del tormento silencioso, que le acucian por todas partes, y de prepararle un fin redentor a este mundo bruegheliano, a esta letrina de la creación, a esta cámara de torturas que gira sobre su propio eje, igual que el sol que sale irradia hacia la nada los terrores y angustia de la noche; pues la rabia destructora del ser humano era generosa desde el comienzo y él se enfurece contra todo el mundo:

132. *Ibid.*, p. 89.
133. *Ibid.*, p. 95.
134. E. Cioran: *Breviario de podredumbre, op. cit.*, p. 143.

Bajo el efecto de esta conciencia, de esta presencia incurable, el hombre accede a su más alto privilegio: el de perderse. Enfermo de honor de la naturaleza, corrompe la savia de esta; vicio abstracto de los instintos, destruye su vigor. [...] No podía realizarse –y descender la pendiente– más que sobre la ruina de los elementos. Una vez acabada su obra, ya está maduro para desaparecer. (*Ibid.*: 117)[135]

135. *Ibid.*, p. 112.

XIX

El monstruo, de hecho, representa "un atentado [de la naturaleza] contra ella misma" (Cioran 1977: 65); ahora bien, es sólo responsabilidad nuestra que este golpe fracase o se logre. Pero este es el momento de tomarle la palabra incluso a Cioran y remediar su error. Pues, precisamente porque el mundo se expone como un "receptáculo de gemidos", no vale decir:

En este matadero, cruzarse de brazos o sacar la espada son gestos igualmente vanos. (Cioran 1978: 51)[136]

No es lugar para la indiferencia y la inactividad, sino siempre para la espada.

Nosotros, que no estamos condenados a sufrir sometidos a un embotamiento propio de moluscos, sino que con nuestra miseria comprendemos también la miseria global; nosotros, que hemos superado la maldición de la procreación eterna, y que poseemos medios de hacer que lo sucedido no suceda, que lo que existe no exista, y de entregar al olvido al sujeto, y con él al objeto; nosotros, que, con una reflexión antropófuga, hemos sido capaces de ponernos al día respecto de dónde y hacia dónde vamos, nos hallamos ante una elección completamente distinta y más fundamental que la que plantea Cioran entre estas dos futilidades.

Nuestro nivel de prestaciones tecnológico-militares, gracias a las capacidades de superdestrucción termonuclear, las reservas operativas bioquímicas y los "limpiadores a fondo" bacteriológicos, nos podrían poner en situación, ya ahora, de borrar de la faz de la tierra hasta el último ejemplar de nuestra especie. Con esto, se corregiría un traspiés evolutivo, se restablecería como soberano absoluto el principio de la selección natural y se destruiría el caballo de Troya de la creación, el espíritu humano, en el que el sufrimiento alcanza, de nuevo, la conciencia potenciada de sí mismo. El monstruo habría ratificado, de la manera más sostenible, su largamente

136. *Ibid.*, p. 56.

lamentada absurdez, trasladándose desde el mero condicional del "yo no hubiera debido existir nunca" al pasado perfecto del "yo jamás he existido".

¡Maldita sea una humanidad, que derrocha tantos dones destructivos y tan avara se muestra con su necrofilia! Poseyendo los medios, ¿no es acaso el más rechazable de todos los actos darse sólo a sí mismo la gran absolución, borrarse del registro de los que sufren, y dejar intacta la incubadora de los tormentos para todas las demás criaturas? ¿No somos todos hijos de la primera célula, que fracasó en el morir? ¿No somos una sola carne temblorosa, que grita, transida de dolor y que gime por la redención? ¿Son, pues, el ciervo, el delfín, la hormiga, el lirio menos que nosotros, solo porque ellos no saben decir lo que sufren? ¿Podemos nosotros, que por milenios hemos proporcionado los torturadores y conquistadores de este planeta, y que la naturaleza permite tan solo porque una esperanza prohibida reposaba sobre nosotros, escaparnos al final de nuestros días de esta esperanza y, a la vista de nuestra deuda de gratitud, dejarnos llevar por el deseo egoísta de desaparecer?

¡Ojalá la razón antropófuga nos guarde de este enorme delito contra la creación! Solo son necesarios unos pocos decenios más de investigación y ensayos, para poner en nuestras manos las armas que podrán producir la redención de toda vida y la pasteurización global, desde las cumbres de las montañas hasta la oscura noche de las más profundas simas marinas. ¡Basta con que una generación aguarde paciente y discretamente y el apocalipsis no será ya solo algo privado y traicionero, sino el patrimonio de todas las criaturas! ¡El Juicio Final de lo orgánico! ¡El retorno de la materia inmaculada! ¡La irrupción del Reino de los Cielos sobre la tierra!

Y los relámpagos de las detonaciones y del incendio que se extiende devorador por todos los contenientes, se reflejarán en los ojos de los últimos de nuestra especie, iluminando y transfigurando su rostro. Y todas las criaturas se hundirán en las brasas y rendirán honores al monstruo, en la hora de su hundimiento, viendo en él al Salvador que les ha redimido con la muerte eterna. Y entonces tendrá sentido para el Último aquello que antes era absurdo, y él levantará las manos sobre la carne quemada, la bendecirá y le dirá:

"Consolaos; se os ha retirado el peso del ser, y la prueba ha pasado. Cada uno de vosotros era solo la pesadilla de un cristal de cuarzo. ¡Ninguno de nosotros ha sido jamás!" Y morirá en paz.

Así que esta es la verdadera elección que tenemos que hacer. Una elección, no entre la contemplación impotente y el accionismo fracasado, sino entre el suicidio de la especie, sin mostrar consideración, compasión ni piedad por los mejillones, líquenes, moscas y ratas que queden detrás –algo que nos aportaría, en todo caso, una ganancia temporal de pocos decenios–, y una aniquilación plenamente responsable, que vaya tres o cuatro pasos más allá de la meta inmediata de la especie, y que se muestre solidaria con el categórico no [*kategorischen Nein*], repetido por todos los seres vivos.

XX

¿Qué le importa a la razón antropófuga la rabiosa baba de los humanistas, que ya no aceptan el pasado del monstruo y pretenden ahora movilizarse contra su futuro? ¿Quién presta atención al gimoteo sobre la falta de humanidad, la barbarie del espíritu y la corrupción de la juventud, que siempre se eleva cuando se registra la verdad sobre los seres humanos? ¿Quién da crédito a la creencia sofística de que el pensamiento antropófugo siembra la violencia y el terror que prometía suprimir, y que habla del apocalipsis, en lugar de impedirlo, en unión con los humanitarios?

Nada de esto es verdad. El sufrimiento solo puede suprimirse con su totalización [*Totalisierung*]. Pero en el infierno, en la revocación de la creación, se trasciende, se ilumina y se anima el dolor de las criaturas, en el animal con el presentimiento y en el ser humano con la certeza de que desde ese momento la rueda de las generaciones, renacidas en el dolor, queda rota y de ahora en adelante el nonato se queda sin nacer, la vida no se vive y el sufrimiento ya no se padece. ¿Quién no estaría dispuesto a pagar tal promesa con su vida (una vida que un día, de todos modos y sin ninguna recompensa comparable a esta, deberá entregar)? ¿Para quién no sería como si oyese ya, en medio del retumbar de las detonaciones y por encima de los gemidos, gimoteos y lloriqueos de los bombardeados, el coro de los ángeles y las alabanzas e himnos de los innumerables fantasmas de aquellos que ya no nacerán, de los no generados, de los liberados y de los emancipados de la tortura, a los cuales, a través de su sacrificio, se les ahorra el infierno terrenal? ¿Y quién de aquellos que han promovido y defendido el apocalipsis, en la medida de sus fuerzas y con su posición y oficio, no sintió, en el instante del hundimiento, cómo la mueca del monstruo comienza a descomponerse y sobre la antigua y bien conocida fisonomía del asesino va cristalizando la noble y sagrada máscara mortuoria del *ser humano*, redimido y redentor?

Ahora bien, lo que más pesa, frente a todos los anatemas y discursos prohibitivos humanistas, es una advertencia para ser discretos y callar en las propias filas, que se debe a un motivo completamente distinto. El temor es el siguiente: la inmediata divulgación y propagación de aquello que incontables generaciones han ido encubriéndose aplicadamente unas a otras, teniéndolo oculto ante sí mismas, ante el hijo y el nieto, ¿no podría tener consecuencias que no estén en consonancia con la ilustración antropófuga, sino que incluso colisionen abiertamente con ella? ¿No sería, por ejemplo, previsible que, en base a su condicionamiento humanista, aquello que aquí se describe como la meta del desarrollo de la especie que hay que afirmar, a saber: la dispensa universal del ser [*die universale Dispensierung vom Sein*], se presente de nuevo ante la gran masa, a pesar de todas las explicaciones y rectificaciones, como una temible amenaza, que hay que evitar a toda costa, con lo que la exposición filosófica del efecto final se transformaría, precisamente, en una pastilla de freno para aquel desarrollo que ella pensaba justificar y promover mediante un valiente compromiso? Dicho aún de otro modo: ¿no está la reflexión antropófuga –que el humanismo rechaza, porque habla del desastre–, precisamente por su sincero descubrimiento de la verdad que late tras la historia, en permanente peligro de que sus honestos propósitos se vean cogidos por la retaguardia por este pensar humanitario y, como imagen estremecedora bienvenida, se vea degradada a ser un simple medio para hablar acerca del apocalipsis, demonizar la redención, y así prolongar el sentimiento doloroso, generación tras generación? ¿No se trasforma aquello que promete una extinción y un final de los tormentos, tan pronto como se lo coloca en bibliotecas y estanterías de libros, en una etiqueta de advertencia y de rebelión contra lo aparentemente inevitable, en una última protesta, elevada al grado de paranoia, de una humanidad enloquecida por el miedo, en una enloquecida súplica de gracia por la vida?

Quien conoce la historia de la recepción de, por ejemplo, un Cioran y las reseñas de sus obras, no se hará ilusiones sobre los seguros automatismos de distorsión y reinterpretación humanista, sobre la rigurosa profesionalidad de los retocadores de la industria cultural, para los cuales nada humano les es ajeno, y que con la cosmética filantrópica hacen desaparecer todo aquello que contradice su ideal de belleza ideológico. Pero, a pesar de ello, no hay ningún motivo para preocuparse, pues el fetiche cultural contemporáneo de lo "humano" se encuentra indefenso frente a la lógica interna del desarrollo de la humanidad y su efecto, que hemos descrito, a saber: aquella alucinante incompetencia para la realidad, no del Mesías, sino de los sepultureros de la especie. No hay que dejarse engañar por el hecho de que la aplastante mayoría de aquellos que se ponen en contacto con manifestaciones del pensamiento antropófugo, no lo miden con sus estándares reales, sino que lo reinterpretan en secreto, incluso, como una caricatura o sátira humanísticamente legitimada. Por eso, ya d'Holbach ha puesto en la cuenta la estrella ideológica [*ideologischen Star*] de la muchedumbre y ha conocido el carácter exclusivo de la verdad:

No nos jactemos, sin embargo, de que la razón pueda librar de golpe a la raza humana de los errores con los que tantas causas reunidas se esfuerzan por envenenarla. El más vano de los proyectos sería la esperanza de curar en un instante errores epidémicos, hereditarios, enraizados desde hace tantos siglos y continuamente alimentados y corroborados por la ignorancia, las pasiones, las costumbres, los intereses, los temores y las calamidades siempre renacientes de las naciones. [...] No nos propongamos, pues, más que mostrar la razón a aquellos que pueden oírla, presentar la verdad a aquellos que pueden soportar su resplandor; desengañar a aquellos que no pondrán obstáculos a la evidencia. (d'Holbach 1978: 538 y ss.)[137]

Así pues, el pensamiento antropófugo, por lo que se refiere a la amplitud de su impacto, no pretende competir con el humanismo, al que considera como un sedante funcional de la última fase del rearme, y lo acepta en su inevitabilidad. En ningún momento se define a sí mismo como una doctrina para la mayoría, como una religión secular o un kit social en forma de cosmovisión, sino, en todo caso, como una perspectiva propia de minorías [*Minoritätenperspektive*], como la filosofía de una pequeña fracción exiliada de personas reflexivas. Su verdad, en cualquier caso, es, a pesar de ello, pública, desde hace más de dos siglos y medio, es decir, desde la ilustración francesa, y por eso resulta accesible, sin condiciones previas ni restricciones, a cualquiera que haya superado un antropocentrismo infantil y el amor

---

137. Barón d'Holbach, *op. cit.*, pp. 553-554.

humanista a sí mismo. Precisamente por eso, cualquier alegato a favor del silencio táctico, o de ponerse a la espera de un conocimiento mejor, ha de valer como algo históricamente anticuado e indiscutible, incluso al precio de que la razón que huye del ser humano siempre se vea expuesta, allí donde ella habla, a nuevos y groseros malentendidos.

Ninguna filosofía puede influir, ni pretender ser la dueña del irreversible curso del mundo ni de un destino global, ya desempeñe el papel de ser la cómplice de los humanistas, ya ejerza el de espectador antropófugo. Por consiguiente, tampoco hay que temer una resistencia sostenida, a medio y largo plazo, como la esbozada más arriba, frente al desempeño pragmático de la certeza del próximo fin.

Incluso suponiendo que sucediese lo impensable, y el humanismo, falto de horizonte, se tomase en serio la advertencia de que él malentiende el paradigma antropófugo y convocase a todos aquellos que creen de buena fe en la cruzada contra el militarismo y la locura armamentista, a la larga todo esto no tendría el más mínimo efecto, y desde luego no el de recoger para sus propios fines un pensamiento visionario, que huye del ser humano y cuyo anhelo de redención mal podría utilizarse como herramienta de intimidación para posponer el infierno. Es decir, el automatismo innato de la "represión protectora",[138] estudiado por Rudolf Bilz, neutraliza cualquier terror escatológico prolongado e impide con ello una activación duradera de la mayoría de la población sobre la que descansa el éxito de la campaña; más bien, deja que los individuos asustados, después de una corta fase de estimulación y excitación, recaigan de nuevo rápidamente en un fatalismo

---

138. Bilz apunta a ello, en su estudio paleoantropológico titulado *Cuán libre es el ser humano*: "Nosotros -dice- conocemos hoy en día una literatura de las postrimerías, que crece como si fuese una avalancha, y que cuenta, incluso, con la aportación de renombrados autores, como Samuel Beckett, Jean Cocteau o Eugène Ionesco. Sin duda, la aniquilación técnica de toda vida es técnicamente posible, y esto exaspera la situación, pero hay que ser precavido, pues es verdad que, una vez que se ha leído o visto alguno de estos libros o películas sobre el final de los tiempos, uno se siente conmovido por un instante, pero una *represión protectora* nos preserva ante la fascinación. A la mañana siguiente, el terror hace tiempo que se ha olvidado". (Bilz 1973: 272) (NUH)

letárgico, en aquella lealtad inconsciente,[139] que garantiza, después igual que antes, el Armagedón global.

En este sentido, no deja de ser algo dotado de cierta divertida picardía que le debamos a un archihumanista y activo adversario de las armas atómicas, como es Günther Anders, la minuciosa exposición de los mecanismos psíquicos que le impulsan al monstruo a arrojarse en brazos de la tecnología armamentística, a pesar de todas las advertencias de su condenada *ultima ratio*,[140] viendo también, en último término, un obstinado autoengaño en la piadosa y permanente preocupación por el ser humano de este autor.[141]

139. Esta es la conclusión a la que llega Arthur Koestler, en su debate sobre la tesis de la agresión del psicoanálisis: "Nuestra especie no padece, acaso, de un exceso de *agresión*, sino de una desmedida inclinación a la entrega fanática. Ya una somera mirada a la historia, nos lo desvela: El número de crímenes individuales cometidos por motivos egoístas, juega en la tragedia humana un papel insignificante, comparado con el número de seres humanos que, por una lealtad desinteresada hacia su estirpe, nación, dinastía, iglesia o ideología política, fueron sacrificados *ad majorem Dei gloriam* [a la mayor gloria de Dios]. [...] El fenómeno predominante en la historia es el crimen por motivos *desinteresados*, poniendo en juego la propia vida". (Koestler 1978: 24 y ss.) (NUH)

140. "Razón última o final".

141. Que su posición, más que filosóficamente insegura e ingenua, es prerreflexiva y dogmática, lo ha admitido el propio Anders en *El hombre en el puente. Diario de Hiroshima y Nagasaki*; a la pregunta de una persona que participaba en una conferencia, acerca de si pretendía fundamentar sus postulados morales y cómo iba a hacerlo, él respondió: "En absoluto. Por el contrario, debemos dejar fuera voluntariamente como 'tabú' el problema de la 'sanción'... Pues donde los que se van a ahogar esperan la salvación, no está permitido permanecer en el puente, para discutir la cuestión filosófica o teológica, en base a la cual concedemos valor a la vida de aquel al que hay que salvar: en el plano religioso-filosófico, hemos de renunciar conscientemente a perseguir algo hasta sus raíces. Se trata de una profundidad prohibida" (Anders 1967: 29). Por tanto, el humanismo como una prohibición de pensar salvadora, como una religión de supervivencia es anunciado aquí *ex cátedra*, añadiéndole, además, una pretensión de infalibilidad: apenas ningún "humanista" ha ofrecido nunca de manera tan abierta y desvergonzada la verdad protocolaria sobre su pensamiento, sin haberse vuelto antes loco. No es esto lo que sucede con Anders, el cual parece ser inmune a las impugnaciones antropófagas, y permanece atenido testarudamente al santo y seña de la supervivencia, que entrega desde la justificación, desmantelada desde hace siglos, de la teodicea leibniziana: "En segundo lugar, yo sé que el mundo es un invento ingenioso e incomparable, una organización que merece la

Ya en 1956, Anders, en su investigación sobre *La obsolescencia del hombre*, partía de la base de que nosotros hemos llegado a ser los "señores del apocalipsis", pues, ciertamente, no disponemos de la omnipotencia de la *creatio ex nihilo*[142] divina, pero sí, en cambio, de una "*potestas annihilationis, la reductio ad nihil*"[143] (Anders 1956: 239)[144] y, por consiguiente, la omnipotencia de la aniquilación. Solo que esta nueva etiqueta la conocemos solo de una forma abstracta, sin haberla comprendido ni entendido realmente, ni haberla traído ante los ojos en su completa monstruosidad (cf. *ibid.*, 285 y ss.). Ahora bien, Anders se pregunta, cayendo en la confusión humanista, por los motivos de la reacción, que a él le parece altamente inadecuada, a la instalación de las máquinas militares del hundimiento de la tierra [*Erduntergangsmaschinen*], por aquella "incapacidad para el miedo" (cfr. *ibid.*, 265),[145] que ha olvidado el temor y sigue adelante, como si no sucediese nada.

El resultado de sus reflexiones lo plasmó, años después, en *Tiempo final y final de los tiempos. Pensamientos sobre la situación atómica*. Lo que caracteriza a la abrumadora mayoría de los contemporáneos, afirma, no es la "ceguera", sino la "indiferencia ante el apocalipsis" (Anders 1972:185), un estado que se desencadena mediante el "supra-umbral" de la amenaza, que supera "mediante su inmensidad la limitada capacidad de nuestra comprensión (tanto perceptiva como de la fantasía)" (*ibid.*, 184). Según Anders,

pena mantener. Y que es divertido estar en él. Y que me gusta tener a los seres humanos que están en él. Para mí, resulta muy desagradable el pensamiento de que todo lo que ellos han sufrido, o aquello con lo que se han alegrado y siguen haciéndolo, ha de ser en vano, y que el mundo futuro será una especie de esfera desértica, que rodará por el vacío del universo. Se me hace un nudo en la garganta" (*ibid.*, 102); una "demostración" que hace que el ilustrado interlocutor de Anders replique aturdido: "¿Y usted cree que este "argumento de la garganta" prueba que el mundo debe existir y que nosotros debemos sobrevivir?", obligándole a poner fin, un poco más tarde, al diálogo. (NUH)

142. "Creación a partir de la nada".

143. "Potestad de aniquilación, reducción a la nada".

144. Günther Anders: *La obsolescencia del hombre*. Traducción de Josep Monter Pérez, Pre-Textos, Valencia, 2011, Vol. I, p. 230.

145. *Ibid.*, p. 267.

nuestra percepción y capacidad de procesamiento emocional está aún programada sobre la base de arcaicos estímulos medioambientales, es decir, nosotros podemos llorar por una persona asesinada, nos podemos representar, si es necesario, una docena de ellas, pero ante miles o incluso millones de cadáveres, la fuerza de representación fracasa, se agota la compasión y la capacidad de sentir empatía, de manera que "el alma se declara en huelga" (Anders 1956: 269). La consecuencia es una grotesca desproporción entre el moderno potencial aniquilador masivo y nuestras capacidades psíquicas, que se han quedado atrás, un desequilibrio que hace que el disparo de un cohete, que destruye una ciudad, nos deje tan fríos emocionalmente como matar un pollo.

Anders define la situación con ayuda de una "ley de la inversión o de la inocencia", que dice:

Cuanto más grande es el efecto, tanto más pequeña es la maldad necesaria para ocasionarlo. El grado de hostilidad exigida para un crimen, es inversamente proporcional al grado del hecho. (Anders 1972: 189)

La distancia entre el acto y quien lo comete, entretanto, ha avanzado hasta tal punto que la horquilla entre quien "desencadena" un suceso y el cada vez más quimérico responsable moral se abre tanto, que la responsabilidad ética aparece como obsoleta, y su invocación se muestra como un penoso *faux pas*:[146]

El quantum de odio y de maldad que es necesario para matar un único ser humano por sus congéneres, es innecesario para el empleado del tablero de conmutadores. El botón es el botón. Si yo, mediante mi empleo como operador del tablero de conmutadores pongo en marcha una máquina de helado de frutas, o un aparato eléctrico, o desencadeno una catástrofe final, todo esto no marca ninguna diferencia en lo que se refiere a la actitud. En ninguno de estos casos se espera de mí ningún tipo de sentimiento o de refle-

146. "Paso en falso".

xión. Como aquel que aprieta el botón, quedo absuelto tanto de la bondad como de la maldad. [...] Ningún piloto de Hiroshima ha necesitado reunir aquel quantum de maldad que necesitó Caín para poder matar a su propio hermano Abel. Y el quantum de maldad necesario para la ejecución del último crimen desmesurado será ya igualmente nulo. (*ibid.*, 189 y ss.)

La "automatización" de la responsabilidad, mediante la delegación en el portador electrónico de la decisión, en receptores maquinales y sistemas operativos, deja, en consecuencia, que actos notablemente inhumanos lleguen a ser "actos sin el ser humano" (*ibid.*, 200), que, en todo caso, son obedecidos y siguen un curso finalmente autodirigido y autorregulado, por lo que no resultan ya moralmente imputables a nadie, en base a la ley de la oligarquía planteada por Anders, según la cual "cuanto más grande es el número de las víctimas, tanto más pequeño es el número de los autores que se requieren para el sacrificio" (*ibid.*, 194). De aquí se sigue que lo que es escandaloso para el humanista Anders, para el pensador antropófugo es la consoladora y sublime perspectiva de un infierno como *preprogramado* [*tröstliche und erhebende Einsicht in ein gleichsam vorprogrammiertes Inferno*], para cuya realización no se requiere ya, en el fondo, ningún despliegue de fuerzas, mientras que una desviación de los procesos almacenados, una reprogramación, requeriría energías colectivas verdaderamente sobrehumanas, una revolución de todo el conjunto de nuestro pensar, sentir y valorar y, en correspondencia, debe valer como algo improbable:

Igual que sucede con una gran parte de los efectos actuales, tampoco la catástrofe final será una consecuencia del querer, ni una consecuencia de una "acción", ni de un "trabajo", sino el resultado de un movimiento de dedos absolutamente casual, quizás ejecutado por diversión. Nuestro mundo no se hundirá por la cólera o encono, sino que se apagará. El número de aquellos que sobrevivan en este caso, y estén ahí con "las manos inmaculadas" será incomparablemente más grande que el número de aquellos que en las guerras de antaño, da igual cuáles, hubieran podido mantenerse indiferentes e inmaculados. *Vivimos en la época de las masas de las manos inmaculadas y la inflación de los benevolentes es incalculable. Nos ahogaremos en un diluvio de inocencia. (ibid.:* 193; cursiva U. H.)

En vista de los inauditos esfuerzos de nuestros antepasados para inventar medios e instrumentos para sacarnos a nosotros mismos y a nuestro entorno de la maldición que nos encadena a la existencia; en vista del hecho de que, en base a la aplicación y disposición al sacrificio de innumerables generaciones, la escala que conduce desde las alcantarillas de la creación a la libertad de lo inorgánico ha llegado a ser para los últimos nacidos, a la postre, una escalera mecánica, que les lleva hasta la cúspide, sin hacer nada por su cuenta, debe avergonzarnos el desvarío de un Anders, el cual, aunque capta plenamente el mecanismo de nuestro progreso, no sabe hacer nada mejor que difamarlo, darse la vuelta y animar a sus compañeros de viaje a descender de nuevo los peldaños, en contra de la dirección en la que se mueve la escalera.

Pero, por un instante, incluso los más obstinados verán lo absurdo de este proyecto, de dejarse ir y nadar contra la corriente de la historia; cerrarán sus oídos frente al mensaje retroactivo del humanismo y, aunque no sea con un júbilo antropófugo, al menos se entregarán, sin resistencia ni consternación, a aquel dulce transporte de la aniquilación, que prepara un final a toda la miseria.

XXI

La historia del monstruo se ha cumplido y ahora espera, humildemente, la doble muerte: la aniquilación física y que se borre la memoria de ella misma.

Ningún superviviente mantendrá su memoria, ninguna leyenda dará cuenta de las pruebas que le afligieron, de los tormentos que padeció, por causa de la redención universal.

Pero sobre la roca desnuda de su patria, habrá paz, y sobre las piedras quedará el polvo blanco de lo orgánico, como si fuese escarcha.

Es como si el desgarrar y engullir, el triturar y sangrar, el degollar y embuchar, jamás hubiesen existido, ni tampoco la furiosa guerra civil que enfrenta a todos los seres vivos; y el espíritu, que finalmente se ha erguido y ha decidido que ya es suficiente, acaba por convertirse en su propia quimera. Ha sucumbido en unos fuegos artificiales sin igual, y con el ascenso de los últimos cohetes, se han borrado las huellas que un ser unicelular dejó detrás suyo durante eones, y que teme la faz de la tierra como tan solo, acaso, los glaciares.

El obituario lo redacta la razón antropófuga en vida y, en justicia, él no durará más que su autora. Sin embargo, la materia es magnánima y ha erigido un memorial en el cielo del origen, que debe valernos en adelante, igualmente, como sepultura cósmica y arco de triunfo: Noche tras noche, se alza la luna sobre el horizonte y pone ante nuestros ojos, con belleza abrupta e inmaculada, la paradisíaca poshistoria terrenal.

¡Armémonos de valor!

¡Traslademos su ideal trascendental a la realidad sublunar!

¡Convirtamos en piedra lunar nuestro enfermo planeta metabólico!

Porque no antes de que la media luna del satélite se refleje abajo en mil lagos volcánicos; no antes de que el modelo y la imitación, la luna y el mundo, sean indistinguibles y parpadeen, unos frente a otros, los cristales de cuarzo sobre el abismo a la luz de las estrellas; no antes de que el último oasis esté desierto, de que se desvanezca el último suspiro, de que se haya marchitado el último germen, existirá un nuevo Edén sobre la tierra.

Bibliografía

Anders, Günther: *Die Antiquiertheit des Menschen*. (2. Bde), München, Beck, 1956 (*La obsolescencia del hombre*. (2 vols.) Trad. Josep Monter Pérez. Pre-Textos, Valencia, 2011).

– *Der Mann auf die Brücke. Tagebuch aus Hiroshima und Nagasaki*, München, Beck, 1967 (*El piloto de Hiroshima*. Trad. Vicente Gömez Ibáñez. Planeta, Barcelona, 2012).

– *Endzeit und Zeitende. Gedanken über die atomare Situation*. München, Beck, 1972.

Barnet, Richard J.: *Der Amerikanische Rüstungswahn oder die Ökonomie des Todes*. Reinbek, Rowohlt, 1971.

Bilz, Rudolf: *Wie frei ist der Mensch?* Frankfurt, Suhrkamp, 1973.

Buchan, Alastair: *Der Krieg in unserer Zeit*. München, Beck, 1968.

Capelle, Wilhelm (Hrsg.): *Die Vorsokratiker*. Stuttgart, Klett, 1965. (*Historia de la filosofía griega*. Traducción de Emilio Lledó, Gredos, Madrid, 2009).

Cioran, E. M.: *Geschichte und Utopie*. Stuttgart, Klett, 1965. (*Historia y utopia*. Trad. Esther Seligson. Tusquets, Barcelona, 2023).

– *Der Absturz in die Zeit*. Stuttgart, Klett, 1972. (*La caída en el tiempo*. Trad. Carlos Manzano de Frutos. Tusquets, Barcelona, 2023).

– *Vom Nachteil geboren zu sein*. Wien, Europaverlag, 1977. (*Del inconveniente de haber nacido*. Trad. Esther Seligson, Taurus, Madrid, 1998^2).

– *Lehre von Zerfall*. Stuttgart, Klett-Cotta, 1978. (*Breviario de podredumbre*. Trad. Fernando Savater. Taurus, Madrid, 1983).

Delfgaauw, Bernard: *Philosophie im 20. Jahrhundert*. Freiburg, Herder, 1966. (*La filosofía del siglo XX*. Ed. Carlos Ohlé, 1965).

Deschner, Karheinz (Hrsg.): *Das Jahrhundert der Barbarei*. München, Desch, 1966.

D'Holbach, Paul Thiry: *System der Natur*. Frankfurt, Suhrkamp, 1978. (*Sistema de la naturaleza*. Trad. José Manuel Bermudo. Ed. Nacional, 1982).

Dollinger, Hans: *Schwarzbuch der Weltgeschichte*, München, Südwest Verlag, 1973.

Edda (Hrsg. Felix Niedner): Jena, Diederichs, 1920 (*Los Eddas*. Trad. De D. A. de los Ríos, Madrid, Imprenta de la Esperanza, 1856).

Einstein, Albert–Freud, Sigmund: "Why War? Open letters between Einstein und Freud", *The New Commonwealth*, 6 (1934) (*¿Por qué la Guerra?* Trad. Valeria Bergalli. Minúscula, 2009).

Erasmus von Rotterdam: *Das Lob der Torheit*. Stuttgart, Reclam, 1962 (*Elogio de la locura*. Traducción de Oliveri Nortes Valls, Gredos/RBA, Barcelona, 2014).

Fair, Charles M.: *Das Fehlprogrammierte Gehirn*. München, Winkler, 1969.

Foucault, Michel: *Die Ordnung der Dinge*. Frankfurt, Suhrkamp, 1971 (*Las palabras y las cosas*. Traducción de Elsa Cecilia Frost, Siglo XXI / Planeta-Agostini, Barcelona, 1984).

– *Von der Subversion des Wissens*. München, Hanser, 1974 (*La arqueología del saber*. Traducción de Aurelio Garzón del Camino, Siglo XXI, Madrid, 1983[9]).

Freud, Sigmund: *Gesammelte Werke* (hrsg. Anna Freud). Frankfurt, Fischer, 1969 (Sigmund Freud: *Obras completas*. Traducción de Luis López-Ballesteros y de Torres, Biblioteca Nueva, Madrid, 1981).

Friedenanalysen. Schwerpunkt Rüstung (hrsg. Hessische Stiftung Friedens- und Konfliktforschung), Frankfurt, Suhrkamp, 1976.

Fromm, Erich: *Anatomie der menschliche Destruktivität*. Stuttgart. Deutsche Verlags-Anstalt, 1974 (*Anatomía de la destructividad humana*. Trad. Félix Blanco, Siglo XXI, Madrid, 1982[4]).

Gehlen, Arnold: *Der Mensch*. Frankfurt, Athenäum, 1971 (*El hombre. Su naturaleza y su lugar en el mundo*. Trad. de Fernando-Carlos Vevia Romero, Sígueme, Salamanca, 1987).

Grimal, Pierre (Hrsg.): *Mythen der Völker*. 3 Bd. Frankfurt, Fischer, 1967 (*Mitologías*. Gredos, Madrid, 2009).

Hartmann, Eduard von: *Philosophie des Unbewussten*. 2 Bd. Leipzig, Kröner, 1913 (*Filosofía de lo inconsciente*. Selección de textos, introducción, traducción y notas de Manuel Pérez Cornejo. Alianza, Madrid, 2022).

Heberer, Gerhard: *Moderne Anthropologie*. Reinbek, Rowohlt, 1973.

Hegel, Georg Wilhelm Friedrich: *Phänomenologie des Geistes*. Hamburg, Meiner, 1959 (*Fenomenología del espíritu*. Trad. Wenceslao Roces, FCE, México, 1982).

– *Enzyklopädie der philosophischen Wissenschaften.* Hamburg, Meiner, 1959 (*Enciclopedia de las ciencias filosóficas.* Ed. de Ramón Valls Plana. Alianza, Madrid, 2005).

– *Grundlinien der Philosophie des Rechts.* Frankfurt, Fischer, 1968. (*Principios de la Filosofía del derecho.* Traducción de Juan Luis Vermal, Edhasa, Barcelona, 1988 / *Fundamentos de la Filosofía del derecho.* Ed. de K. H. Ilting y trad. de Carlos Díaz. Libertarias-Prodhufi, 1993).

– *Vorlesungen über die Philosophie der Geschichte.* Frankfurt. Suhrkamp, 1970. (*Lecciones sobre la filosofía de la historia universal.* Trad. José Gaos, Alianza, Madrid, 2004).

Hobbes, Thomas: *Vom Menschen. Vom Bürger.* Hamburg. Meiner, 1959 (*De Cive.* Traducción de Carlos Mellizo, Alianza, Madrid, 2000).

Kahn, Herman: *Eskalation.* Frankfurt. Ullstein, 1970.

Kant, Immanuel: *Zum ewigen Frieden.* Stuttgart. Reclam, 1976. (*Sobre la paz perpetua.* Traducción de J. Abellán, Tecnos, Madrid, 1998[6]).

Klages, Ludwig: *Der Geist als Widersacher der Seele.* Bonn. Bouvier, 1972.

Kneutgen, Johannes: *Der Mensch - ein kriegerisches Tier.* Stuttgart. Kohlhammer, 1970.

Koestler, Arthur: *Der Mensch. Irrläufer der Evolution.* München. Scherz, 1978.

Krippendorff, Ekkehart (Hrsg.): *Friedensforschung.* Köln, Kiepenheuer & Witsch, 1968.

Landmann, Michael: *Philosophische Anthropologie.* Berlín, de Gruyter. 1968. (*Antropología filosófica.* Trad. Carlos Moreno Cañadas. Unión Tipográfica Edit. Hispano Americana, 1961).

Lehmann, Johannes: *Die Kreuzfahrer. Abenteurer Gottes.* München, Bertelsmann, 1976. (*Las cruzadas. Los aventureros de Dios.* Martínez Roca, 1989).

Leibniz, Gottfried Wilhelm: *Vernunftprinzipie der Natur und der Gnade. Monadologie.* Hamburg, Meiner, 1959. (G. W. Leibniz: *Escritos filosóficos.* Ed. de Ezequiel de Olaso, Antonio Machado Libros, Madrid, 2003).

Lévi-Strauss, Claude: *Das Wilde Denken.* Frankfurt. Suhrkamp, 1973. (*El pensamiento salvaje,* FCE, Mexico, 1964).

Leyhausen, Paul (et. Al): *Krieg oder Frieden.* München, Piper 1970.

Löbsack, Theo: *Versuch und Irrtum. Der Mensch: Fehlschlag der Natur.* Gütersloh, Bertelsman, 1974.

Machiavelli, Nicolò: *Discorsi. Gedanken über Politik und Staatsführung.* Stuttgart, Kröner, 1966. (*Discursos sobre la primera década de Tito Livio.* Trad. Ana Martínez Arancón. Alianza, Madrid, 2015).

– *Der Fürst.* Stuttgart. Reclam, 1968 (*El príncipe.* Ed. bilingüe de G. Inglese y H. Puigdoménech, Tecnos, Madrid, 2014).

Maldonado, Tomás: *Umwelt und Revolte.* Reinbek, Rowohlt, 1972.

McNamara, Robert S.: *Die Sicherheit des Westens.* München, Deutschen Taschenbuch Verlag, 1970. (*La esencia de la seguridad.* Trad. Gustavo Oliver. Grijalbo, Barcelona, 1969).

Maistre, Joseph de: *Abendstunden zu St. Petersburg.* Frankfurt, Andreä, 1825 (*Las veladas de San Petersburgo*, Espasa Calpe, 1966³).

Menninger, Karl: *Selbstzerstörung.* Frankfurt Suhrkamp, 1974. (*El hombre contra sí mismo.* Ed. Península, Barcelona, 1972).

Meslier, Jean: *Das Testament des Abbé Meslier* (hrsg. Günther Mensching). Frankfurt, Suhrkamp, 1976 (*Memoria contra la religion.* Traducción de Javier Mina. Laetoli, Pamplona, 2020⁵)

Montaigne, Michel de: *Die Essais.* Stuttgart, Reclam, 1969 (Montaigne: *Ensayos completos.* Traducción de Juan G. de Luaces, Orbis, Barcelona, 1985).

Nietzsche, Friedrich: *Werke.* 2. Bde. München, Hanser, 1967 (*Así habló Zaratustra.* Trad. Andrés Sánchez Pascual. Alianza, Madrid, 1979⁷).

Panitz, Heinz (Hrsg.): *Stoische Weisheit.* Münster, Aschendorff, 1974.

Pernoud, Régine (Hrsg.): *Die Kreuzzüge in Augenzeugenberichten.* München. Deutscher Taschenbuch Verlag, 1977. (*Los hombres de las Cruzadas*, Smile Books, 1987).

Pico della Mirandola, Giovanni: *De dignitate hominis.* Bad Homburg, Gehlen, 1968. (*Discurso sobre la dignidad del hombre.* Ed. de Carlos Llano Cifuentes, UNAM, 2004).

Platón: *Der Staat.* Hamburg, Meiner, 1961 (*La República.* Ed. bilingüe de José Manuel Pabón y Manuel Fernández Galiano. Instituto de Estudios Políticos, Madrid, 1969).

Rüdiger, Horst: *Wesen und Wandlung des Humanismus.* Hildesheim, Olms, 1966.

Runes, Dagobert D.: *Illustrierte Geschichte der Philosophie.* Genf. Nagel 1962.

Schopenhauer, Arthur: *Welt und Mensch.* Stuttgart, Reclam, 1968.

– *Aphorismen zur Lebensweisheit,* Stuttgart, Reclam, 1968 (*Aforismos sobre la sabiduría de la vida.* Trad. de C. J. González Serrano. Hermida, Madrid, 2021).

– *Werke* (Züricher Ausgabe). 10 Bde. Zürich, Diogenes, 1977. (Arthur Schopenhauer: *El mundo como voluntad y representación.* Traducción de Roberto R. Aramayo, Círculo de Lectores / FCE, Madrid, 2003 - *Parerga y paralipómena.* Traducción de Pilar López de Santa María, Trotta, Madrid, 2020).

Seidler, Franz W.: *Die Abrüstung.* München, Olzog, 1974.

Stegmüller, Wolfgang: *Hauptströmungen der Gegenwartsphilosophie,* 2 Bde. Stuttgart, Kröner, 1969. (*Corrientes fundamentales de la filosofía actual.* Nova, Buenos Aires, 1967).

Teilhard de Chardin, Pierre: *Mein Weltbild.* Olten, Walter, 1976 (*Lo que yo creo.* Trotta, Madrid, 2005).

Voltaire: *Romane und Erzählungen.* München, Goldmann, 1961.

– *Candide oder der Optimismus.* Frankfurt, Insel, 1972 (Voltaire: *Opúsculos. Cuentos,* Gredos/RBA, Madrid, 2014).

Vorländer, Karl: *Geschichte der Philosophie mit Quellentexten.* 5 Bde. Reinbek, Rowolt, 1969. (*Historia de la filosofía.* 2 vols. Ed. Francisco Beltrán, Madrid, 1930).

Weizsäcker, Carl Friedrich von (Hrg.): *Kriegsfolgen und Kriegsverhütung.* München, Hanser, 1971.

Zentralvorstand der Gewerkschaft Wissenschaft (Hrsg.): *ABC-Waffen.* Berlin (DDR), 1972.

ULRICH HORSTMANN

Frederick C. Beiser
Weltschmerz. El pesimismo en la filosofía alemana: 1860-1900

Frederick C. Beiser
El imperativo romántico

Georg Simmel
Sobre el pesimismo

Arthur Schopenhauer
Los dolores del mundo

Wilhelm Gwinner
Schopenhauer y sus amigos

Biblioteca pesimista - serie mayor

1. Friedrich Dorguth
Textos schopenhauerianos
Edición y traducción de Jesús Carlos Hernández Moreno

Biblioteca pesimista - serie menor

1. Eduard von Hartmann - *Pesimismo, ética y felicidad*

2. Julius Bahnsen - *Breviario pesimista* (Extractos)

3. Philipp Mainländer - *Fragmentos pesimistas*

4. Agnes Taubert - *El pesimismo y sus adversarios*

5. Olga Plümacher - *El pesimismo en el budismo y otras religiones*

6. Matia Aires - *Reflexiones sobre la vanidad de los hombres*

7. Voltarire / Rousseau - *Sobre el mal, la providencia y el optimismo*

6. Edgar Saltus - *Filosofía del desencanto*

www.sequitur.es